フットボーラー

独学術

生きる力を自ら養う技法

柴村直弥

KANZEN

はじめに

私はサッカーが上手い子どもではありませんでした。

小学生の頃にプレーしていたチームは公式戦1回戦負けが常で、試合に勝った記憶もあまりありません。選手としてこれといった特徴もありませんでした。

中学校時代は補欠で、高校の推薦をもらえずに一般入試で普通科に入学しました。高校1年生の頃は100人の部員の中で最も下の序列でした。高校1年生の終わり頃まで私がプロサッカー選手になれるとは、誰もが思わなかったことでしょう。

そんな私が高校2年生の夏に日本一、秋に広島県選抜として国体で全国3位、名門の中央大学で2年時からレギュラー、そして、プロサッカー選手としてJリーグや海外で12年間プレーできたのは、小学生の頃の体験やその頃から日々取り組んできた様々なことの積み重ねが大きな要因だったように思います。

1993年にJリーグが開幕し、プロサッカー選手を志す人が増えていきました。Jリーグ開幕当時、小学5年生だった私もその1人です。その後、小学生男子の「なりたい職業ランキング」ではサッカー選手が1位となることが多く、近年もどのアンケートでもだいたいトップ3には入っています。

そのような人気職業であるサッカー選手を目指している少年は全国に何万人といる中で、実際にプロになれる少年は1％にも達しません。

2006年から2015年まで小学生の日本サッカー協会への選手登録数は、多少上下しているものの、毎年30万人程度います。単純にこれを6学年で割ると、1学年当たり5万人程度の選手がいることになります。

そのうち2020年に新たにJリーグの選手となり、新人研修を受けた選手は200人程度です。2013年に小学6年生だった選手が高校を卒業して新卒でJリーガーになるタイミングが2020年2月の新人研修参加になります。新たにJリーガーになる選手は高卒、大卒のタイミングであることが多いので、この2020年の新人研修に参加している200人程度の選手を仮にすべて高卒、大卒の新卒と仮定したとしても、高卒（2013年に小学6年生5万人）と大卒（2009年に小学6年生5万人）を足した10万人の選手から200人程度がJリーガー（J1、J2、J3）になったことになり、その確率は

０・２％、５００人に１人という計算になります。

私がプロサッカー選手としてのキャリアをスタートした２００５年に新たにＪリーガーとなった選手は、当時はまだＪ３がなかったため、Ｊ１、Ｊ２の選手たちのみで１０３人でした。

これはＪリーグの新人研修で村井満チェアマンが話していたことですが、その１０３人の選手たちが10年後の２０１５年時点で公式戦に何試合出場していたのか調べたところ、約半分に当たる46人の選手が０～50試合だったそうです。年間の公式戦が40～50試合あることから10年間で最大４００～５００試合と考えると、試合出場数が10％未満の選手が半分程度だったことがわかります。しかも、そのうち０試合だった選手が18人、つまり、０・２％の狭き門を潜り抜けてプロになった選手のうち５人に１人に当たる17％の選手は１試合も出場することなく引退していったことになります。そして、引退までの平均年数は６・３年だったそうです。

そんな中で私は日本代表に選ばれたこともＪリーグで華々しい活躍をしたこともありません。それでもプロサッカー選手として12年間プレーし、海外も含めて公式戦に１４０試合程度出場し、欧州やアジアの強豪国が集うＵＥＦＡヨーロッパリーグやＡＦＣアジアチャンピオンズリーグなどの大会に出場することができたのは、もちろん、周囲の方々のおかげであることは明白とはいえ、様々なことに自ら取り組んできたことで、サッカーの能力と人生を生きていくためのスキルが向上していたことも大きな要因だったと思います。

本書ではサッカーの能力と人生を生きていくためのスキルを向上させていくことに役立ったと私自身が感じた方法、技法を紹介します。プロサッカー選手を目指している方、海外で活躍したい方、そして、プロサッカー選手を引退したあとの人生が心配な方など、様々な方にとって少しでも何かの参考になれば幸いです。

柴村直弥

目次

はじめに 2

第1章 プロ以前 9

学ぶ 勉強の習慣化 10
試す 成功体験の仮説と検証 16
知る 身体の発達に即したセルフトレーニング 20
コラムⅠ 極度の人見知りだった中学生時代 26
積む 取り組むことで生まれる成果 32
組む 大学の単位の取り方 40
馴染む 寮生活のススメ 48
磨く アルバイトのスキル 56
分ける 自己評価と他者評価の違い 62
コラムⅡ 地元に帰った熊本のとある選手 72
知る Jリーガーになるまでの仕組み 76
辿る 柴村直弥の場合Ⅰ（プロになるまでの流れ） 82
知る スカウトの目に留まる方法 96
知る プロサッカー選手になるまでの支出 102

第2章 プロ最中 109

知る　契約形態の仕組み　110
知る　初めてのプロ契約時の収入　116
知る　プロ契約したあとの収入　120
売る　欧州クラブへの売り込み方　124
辿る　柴村直弥の場合Ⅱ（欧州のクラブとの契約までの流れ）　134
作る　売り込み用プレー映像の作り方　148
話す　語学の勉強方法　156
話す　海外で現地の言葉を覚える意味　166
コラムⅢ　ロシア語で回避できた「アゼルバイジャン危機」　170
理解する　日本と海外の違い　174
伝える　求め過ぎない自己主張　178
考える　価値観の違い　182
理解する　見えている景色　186
コラムⅣ　プレーの場所を失ったウクライナ人　192
辿る　柴村直弥の場合Ⅲ（ビザ取得、ITC手続き完了までの流れ）　196
馴染む　環境への適応方法　206
理解する　フラットな先入観の持ち方　216
積む　感覚に辿り着くための方法　220
備える　初めてのポジションへの対応策　224
考え直す　セオリーの再解釈　228
辿る　柴村直弥の場合Ⅳ（直面したクラブ消滅の危機）　232

眠る　思考のコントロール方法　242
書く　ＳＮＳとの付き合い方　246

第３章　プロ以降　253

考える　「セカンドキャリア」とは？　254
関わる　「サッカー村」以外との交流　258
繋がる　プレーの課題解決のためのインターンシップ　262
見つける　「程度」の洗練　266
書く　「する側」の気持ちがわかる執筆業　270
解く　これまでのスキルが活きる解説業　276
結ぶ　共通点があるからこその架け橋役　282
コラムV　サッカーができないウズベキスタンの少年　290
続ける　「総決算」社会人サッカー　292

キャリアメイク術対談　柴村直弥×中村憲剛　301

おわりに　330

第1章

プロ以前

©JUFA

学ぶ

勉強の習慣化

勉強と練習のサイクルは同じである

学校の勉強はプロサッカー選手になるために、そしてプロサッカー選手になってから選手として大成していくために必要なことでしょうか。

私自身が経験してきたことから感じている答えはイエスです。

一様に学校の勉強といっても様々であり、小学校、中学校、高校、大学、専門学校それぞれに多種多様な勉強がありますが、私自身が経験した学校での勉強について感じたことを綴っていきます。

算数や国語、理科、社会などの小学校や中学校の勉強に対して、当時はまずテストで満点を取ることから逆算して取り組んでいました。

そうやって満点を取ることから逆算して準備し勉強していき、それが結果的に満点を取ることもあれば90点や80点、70点などの場合もありました。目標通りの点を取れなかった時に何が足りなかったのかと考え、振り返って次に生かすというサイクルが小学生の頃にはすでに出来上がっていました。それは単純に「悔しい」という感情があったからです。自分ができると思うところまで最善の準備をした中で結果が出なかった時、悔しさを感じ、それが次回への原動力となっていきました。

そして、目標通りに点を取れた時は充実感があり、またこの気持ちを味わいたいと思いました。

これを中途半端に取り組んでいたら充実感も悔しさも味わえなかったと思います。目標は満点でなくても70点でも50点でも30点でもいいでしょう。それぞれの教科で自分なりに頑張ればできそうな目標を決めて、それに対して最善の準備をして臨むという習慣を小学生の頃から身に付けていたことは、サッカーに対しての取り組み方にも同じように繋がっていきました。

僭越ながら私はＪＦＡが行っている「ＪＦＡこころのプロジェクト」で夢先生を２００８年から務めています。

これは全国の小中学校へ訪問し、夢を叶えるために必要なことやどのような苦労があったのか、何が大切だったのかなどを自分の経験談から授業をするプロジェクトなのですが、小中学校へ行って授業をする際にいつも自分が感じてきた大切なこととしてこう伝えています。

日々の一つひとつのことを一生懸命に取り組んでいくこと。

これは学校の勉強であったり、サッカーなどのスポーツの練習であったり、友だちとの遊びなども含めて伝えていることですが、目の前のことを一生懸命にやっていくことが何より大事でその積み重ねが自分の力となってそれが夢を叶えることに繋がっていくという意味です。自分自身の経験からそう感じているのでそう伝えています。

努力すれば必ず夢が叶うとは限りません。

しかし、努力したことは必ず自分の力になっていきます。

もちろん、努力の仕方や適切な方法を考えることも必要でしょう。しかし、ベストな方法を考えすぎるあまり、目の前のことに精いっぱい取り組むという当たり前のことがブレてきたりすることもあると思います。

今やっているこの練習や勉強は自分の力になっているのだろうか。

そう思ってしまうこともあるでしょう。特に小学生年代などではその成果を感じた経験がまだあまりないので、本当に自分の力になるのか信じ切れないかもしれません。

サッカーやスポーツなどの技術練習は比較的今日練習して明日できるようになっている類のものではないことも多く、同じ練習に飽きてしまうこともあるかもしれません。しかし、当然同じ練習でも集中して取り組むのと集中しないで取り組むのとでは成果が変わっていきます。

小学生年代ではまだ取り組んだ成果を実感する機会も少ないかもしれないので、私自身の経験から「精いっぱい取り組んだことは必ず力になるから、疑問を抱いて中途半端になるのではなく、まず精いっぱい取り組んでいく」と伝え、まず目の前のことを精いっぱい取り組んでいくことが習慣になってくればと思っています。

習慣化したら少しずつ量を増やしていく

そして、授業のあとに「夢シート」に感想を書いてもらいます。後日送られてきてそれに対して一枚一枚返事を書いていくのですが、よくこういった質問があります。

「私は練習（もしくは勉強）がなかなか毎日続けられません。どうやったら毎日続けられますか？」

これに対しては概ねこのように回答しています。

「最初はたくさんの量を設定するのではなく、自分が少し頑張れば続けられそうな量に決めて毎日やってみるといいと思うよ。それが慣れてきてできるようになったら、また少し増やしてやってみる。そうしていけば少しずつできる量が増えていくのではないかな」

特に小学生の頃など何かに感化されたりした際、「よし、今日から毎日3時間勉強しよう！」などと意気込んで大きく目標設定してしまうこともあると思います。

その気持ちは非常にいいことではあります。ただ、目標設定を大きくしすぎてしまうとその日は頑張ってできても、2日目、3日目となっていくと続いていかずに結果、「自分は続けられない」と自己否定に陥ってしまうことも多いのもまた確かです。

なので、最初は少し頑張れば毎日続けられそうな量からスタートし、1カ月、2カ月くらい経過して習慣化してきたら少しずつ量を増やしていけば自信にも繋がっていくのではないでしょうか。

小学生の年代でその設定はなかなか難しいでしょうから、もし小学生の子どもを持つ保護者の方が本書を読んでいて子どもが同じような悩みを抱えているようであれば、「毎日続けられそうな量ってどのくらいかな？」と子どもに聞いて、出てきた量が多すぎた場合は「最初からその量は難しいかもしれないから、最初はこのくらいからやってみようか？できるようになってきたらまた増やそう」という具合に調整してあげるといいと思います。

このように小学生の頃から学校の勉強やサッカーの練習など、「一つひとつのことに一生懸命取り組むこと」は自分の中では当たり前の価値観となっていき、当時の私は「自分は頑張っていた」と思うことはなく、自然とやっていた感覚でした。

それはやはり習慣になっていたからだと思います。

試す 成功体験の仮説と検証

最初の期間は「頑張りどころ」と想像する

小学校5年生の時、通っていた小学校のサッカー教室の父兄コーチが私たち選手にこう言いました。

「リフティングを自分で毎日やり、その日の最高記録を紙に書いて記録してみよう」

それをやってみようと思った私は、家に帰るとボールを持って近所の空き地へ行き、1人でリフティング（主に足でのボールコントロールを養うため太腿を使うのは禁止）をしました。30分くらいでしょうか。最高回数は12回でした。

そして、翌日またやると15回できるようになりました。翌々日は13回でしたが、そのさらに翌日には17回。このように折れ線グラフにすると上がったり下がったりしながらも少しずつ最高回数が増えていき、1カ月、2カ月とやっていくと小学校6年生になる頃には

200回は容易にできるようになっていました。

リフティングの回数が増えることとサッカーの試合での技術を養うことが大きくリンクするというわけではないと思いますが、リフティングの時に「インステップ（足の甲の部分）でボールの中心を蹴ると、ボールが回転せずに真っ直ぐ上に上がり、次に蹴りやすくなり安定する」ということを当時、自分なりに発見し（当たり前のことなのですが、当時の自分にとっては試行錯誤しながらの発見でした）、それを意識して行っていくことで、ボールをよく見て足の適切な場所に適切な強さで当てるという技術が少なからず上達していったと思います。

そして、これは別にリフティングでなくても何でもよく、毎日続けてやっていることが自分の力になっていく体験ができたのが大きかったと感じます。

毎日、その日の記録を紙に書き、あとから見直した際に記録が伸びていくのが目に見えていたことで、「今日取り組んだことがすぐに成果が表れなくても続けていくと自分の力になっていく。取り組んだことは力になる」ことを実感できました。

実際行っていたリフティングの練習時間は1日15〜30分程度です。1時間程度やった時は徐々に集中力が途切れてきて、何度やってもなかなか記録が伸びないことを経験しました。そこから「短い時間を集中してやるほうが身になるのではないか？」と考えるようになり、集中して15〜30分程度やるようになりました。

確かに習慣を変えることは簡単ではないと思います。

「三日坊主」という言葉があるように新しいことを始める際、最初の三日ないしはもう少し長い最初の期間がよりパワーを使い、頑張らないとできない期間であると思います。ただ、その期間を超えて自分の中で習慣になればそれを行うことが苦ではなくなり、自然なこととなっていくと感じました。

このサイクルを小学生の頃、自分の経験から徐々に理解するようになり、「最初の期間を頑張って乗り越えれば」と最初の期間を頑張りどころだと捉え、様々な習慣を取り入れていきました。

これも「そういうサイクルがあるのかもしれない」と早いうちから仮説を立てて自分なりに検証できれば自分の経験値となっていきます。小学生など早いうちからこのように習慣化して取り組むことを体感できるといいのではないかと思います。

〈成功体験のポイント3〉

1　身体のメカニズムを理解する

2　最初の期間は「頑張りどころ」と捉える

3　少し頑張れば継続できそうなラインを設定する

〈ポイント3を意識した成功体験の大まかな流れ〉

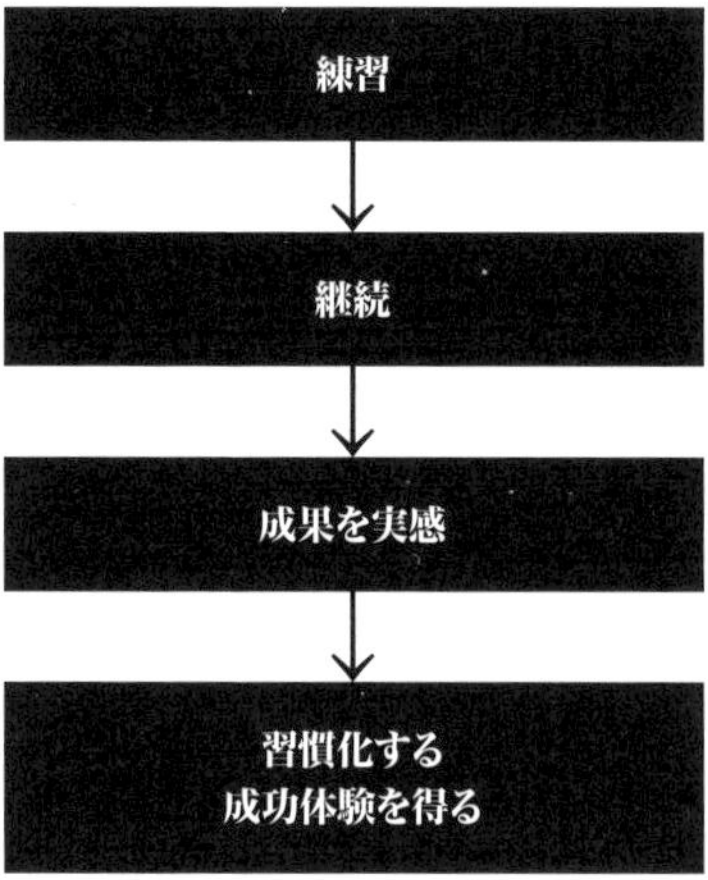

技術（神経系）は階段状に上達する

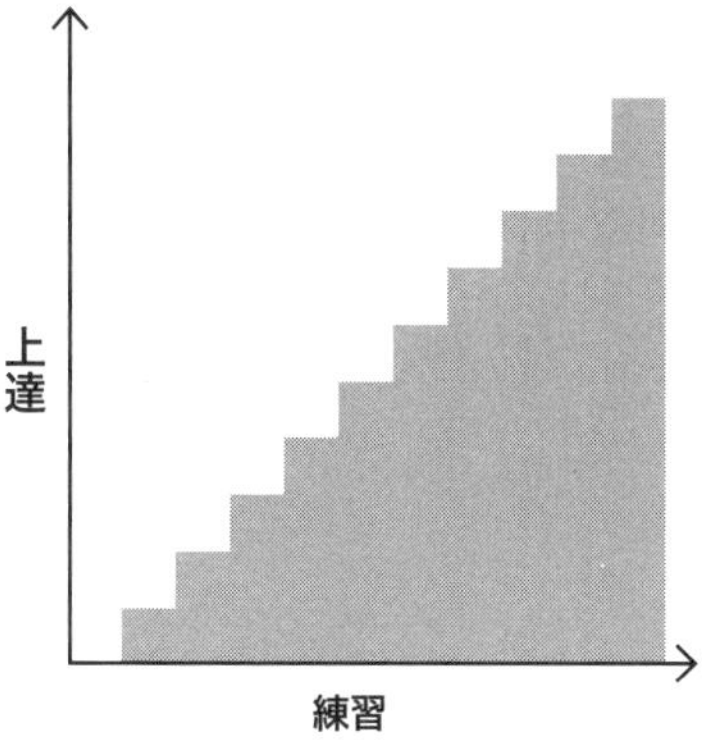

知る　身体の発達に即したセルフトレーニング

最も効果が高い時期はいつか見極める

「勉強の習慣化」の項で「適切な努力をする必要もある」と書きましたが、紐解いて考えると例えば育成年代だと身体の発達に沿ったトレーニングをするとその効果は高くなります。

現代では人間の運動生理学に基づき、各種トレーニングのより効果が高い時期がわかってきているので、個人差はあるもののそれに応じたトレーニングを行うとより効果が高くなることが見込めると思います。

よく言われる「ゴールデンエイジ」と呼ばれる神経系の発達が完成に近づき、動きの巧みさを身に付けるのに最も適した時期は9〜12歳頃に訪れます。この時期は「即座の習得」を備えた時期で、身体の動きのコーディネーションやサッカーでいうところのボールを扱う技術などのトレーニングの効果が最も高い時期と言われています。

その後、13～15歳頃は男性ホルモンの分泌が著しくなり、速筋線維の発達が促される時期のため、短い距離のダッシュ系トレーニングなど瞬発力を高めるトレーニングの効果が高いと言われています。また、15～18歳頃はいわゆる筋力トレーニングのようなパワー系やジャンプ系のトレーニングの効果が高い時期と言われています（女性は全体的に男性よりも少し早い時期になると言われています）。

もちろん、個人差もありますがそのような人間の身体の発達を知っていた上で、自分でトレーニングを組み立てると、同じトレーニングであってもより効果が見込めると思います。

中学校1年生（13歳）の時、学校でスポーツテストがあり、50メートル走が7秒4、垂直跳びが50センチでした。運動部の同級生の中では平均くらいの数字で、これではプロサッカー選手になれないと思った私は、学校から帰ると毎日近所の空き地でダッシュとジャンプをすることにしました。当時は今のようにインターネットやYouTubeなどでトレーニング方法を調べることができなかったため、自分なりにどうすれば能力が向上するのか考えた結果、シンプルに「ダッシュしてジャンプすればいい」という考えに落ち着き、ダッシュとジャンプをやることにしました。

所属しているチームのトレーニングは変えられない

具体的に行っていたのは20メートルのダッシュを10本とジャンプを10回×3セット程度でした。やっているうちに「全力でできる状態でないと最大出力が高まらないのではないか？」と思い、連続でやるのではなく息が整って全力が出せる状態に落ち着いてから次のセットを行っていました。

やっていくうちにどうせジャンプするのならただジャンプするのではなく、ヘディングをするイメージでジャンプしてヘディング（1人でやっていたのでボールがあるとイメージして）という形にすれば、ヘディングをするフォームやタイミングも同時にトレーニングできると考えてそのようにしていきました。

その当時、1990年のイタリアワールドカップでカメルーン代表のフランソワ・オマン＝ビイク選手が、アルゼンチンを相手に滞空時間の長いジャンプからヘディングシュートを決めたシーンの映像を観て「自分もこのようなヘディングができるようになりたい」

と思い、それをイメージしながらヘディングをやっていて、ジャンプして空中で溜めて落ち際をヘディングするという感じでした。

そうしていくうちに、中学校2年時の同じ測定では50メートル走が6秒8、垂直跳びが61センチとなり、中学校3年時には50メートル走が6秒3、垂直跳びが70センチになりました。

当時は人間の身体の発達とトレーニング効果との相関関係を知らなかったのですが、偶然にもそれに即したトレーニングを行っていたため効果が高かったのだと思います。

中学校1年生の頃は平均的な足の速さだった私が、中学校3年生の頃になると足が速いと言われ始めるようになりました。サンフレッチェ広島ジュニアユースと同じ会場で試合をしていた際、同コーチだった横内昭展さん（現・日本代表コーチ）に試合後、「お前、足速いな～」と言われたのを覚えています。

現在はインターネットやYouTubeなどで様々なトレーニング方法を知ることができます。当時の私のようにダッシュやジャンプをするだけでなく、より適切なトレーニング方法が他にもあると思います。「効果が高い」というだけで、もちろん身体の発達に即したタイミングでなくともトレーニングの効果はあるわけですが、まだこれらの時期を過ぎていない選手はその年代に適したトレーニングを行っていくとより効率良く能力を高めることに繋がっていきます。所属しているチームのトレーニング内容は選手の立場では変えられないので、自分自身で行うセルフトレーニングで身体の発達に即したトレーニングをしていくとより効果が見込めると思います。

時には専門家に見てもらうことも必要

これはプロ最中の話になりますが、2010年のオフシーズンに千葉県鋸南町で行われたアスリートと子どもが触れ合うイベントに参加した際、200メートルハードルのアジア記録保持者の秋本真吾さんと出会いました。休憩時間などにトレーニング方法や栄養学などの質問に対して、秋本さんはわかりやすい言葉で答えてくれました。

ロンドン五輪を目指していた秋本さんと2011年のオフシーズンにトレーニングをさせてもらいました。走り方から足が速くなるための練習方法などを教えてもらい、そのノウハウをセルフトレーニングで取り入れ、走り方を改善していきました。それによってスピードアップはもちろん、より効率のいい走りをすることでプレー中の疲労も軽減されていきました。オフシーズンには秋本さんの自宅に泊まり、深夜まで走り方とサッカーについて議論をすることもありました。今も都内で定期的に走り方を見てもらっています。

それまでは足が速い選手の走りを見て試行錯誤しながら調整したことはありましたが、走り方を誰かに教わったことはありませんでした。長年、走り方を研究し実践してきた秋本さんの指導はかなり身になったと感じています。

２０１１年当時は友人などに秋本さんの話をしても「サッカーと陸上は違うから」と言われたものですが、今では秋本さんは日本代表を含めたサッカー選手をクライアントに持ち、クラブへ呼ばれることもあります。

サッカーは走るシーンが頻繁にあるスポーツなので、走り方の指導は早い段階から受けたほうがいいと感じます。何となく走るよりも走り方を意識して走るほうがより自分の力になり、走り方を意識することによって改善への気付きにも繋がっていくと思います。

私が学生の頃は、秋本さんのようなスプリントコーチによる走り方の指導は一般的ではありませんでしたが、今は指導を受けられる機会が多くあります。特にスポーツをしている方は早い段階から走り方の指導を受けて実践しておくことをおすすめします。

コラムⅠ　極度の人見知りだった中学生時代

「ボールを取って」とすら言えなかった

私は極度の人見知りでした。中学生時代は思春期も重なり、人と話すことがとにかく恥ずかしくなっていました。中学校3年間に私から家族以外の誰か（学校やサッカーチームの友人なども含めて）に話しかけたことは一度もなかったと思います。相手から話しかけてもらった際に少しだけ答えられる程度で、長い話をすることなど皆無でした。

例えば、部活でサッカーをしていてボールが遠くに転がっていってしまった際、近くにいる同級生に「ボール取って」とすら言えませんでした。自分で走って取りに行き、それに気付いた相手に「どうしたの？　取ってって言えば取るよ」と言われても、その次も恥ずかしくて言えなかったくらいでした。

そんな自分が好きではありませんでした。

中学校2年生の時にサッカークラブに入りました。

中学校入学時に中学校のサッカー部に入部していましたが、1年生は平日の練習では球拾いと声出しが主でほとんどボールを蹴る機会はなく、週に1回、土曜日の練習だけフットサルコートよりも狭いスペースでネットのないハンドボール用のミニゴールを置きミニゲームができるという感じだったからです。平日にはほとんどボールを蹴れていなかったので、私たち1年生は水を得た魚のようにミニゲームに明け暮れ、13時から17時頃までずっとミニゲームをしていました。そのような環境だったため、もっとサッカーが上手くなるにはクラブチームに入ったほうがいいと考え、両親に頭を下げ2年生になるタイミングでフジタSSジュニアユースのセレクションを受けました。

運良く合格したものの、初日の練習日は学校から一度家に帰る足取りが急に重くなりました。自分で望んでフジタSSに入ったにもかかわらず、「知らない人がたくさんいるのが怖い」という気持ちになり、心拍数が上昇し一気に緊張してきたのです。

そのように緊張している私に気さくに話しかけてくれるチームメイトがいました。チームのエースストライカーだった猿田浩得（山陽高校、拓殖大学、愛媛FCでプレーし、その後タイ1部リーグで年間ベストイレブンに選出）でした。誰とでも気さくに話せる猿田に憧れ、「自分も猿田のようにみんなと話せたら楽しいだろうな」とチームで同じ時間を共有しながらそのように思っていました。

たったひと言で自分は変われる

ただ、そう思っているだけでは何も変われないので、高校入学時に「自分を変えるために行動を起こそう！」と一念発起しました。受験して進学した広島皆実高校は自宅から電車と自転車を使って通学に1時間くらいかかる場所にあったため、同じ中学校から広島皆実高校に進学する生徒は私を含めて4人だけでした。そして、クラスメイトには同じ中学校だった生徒は1人もおらず、高校1年生のクラスには私のことを知っている人は1人もいない状況だったので、この状況も変わろうとする一歩を踏み出すことに繋がりました。

具体的な行動としては、まず「今日、1回クラスメイトの誰かに自分から話しかけよう！」という目標を立てました。

しかし、1時間目、2時間目と授業が終わりに差しかかって休憩時間が近づいてくると、緊張して発汗し授業の合間にある休憩時間10分間のうちに、「さあ、誰かに話しかけるんだ」と思ってはいても、なかなか踏み出すことができません。結局、誰にも話しかけられないまま1日が終わり、翌日に「今度こそ！」と思い、何度も自分を奮い立たせてようやくクラスメイトに話しかけました。緊張しすぎて何を話したのかまったく覚えていませんが、一言二言会話しただけだったと思います。たった一言二言でしたが、私にとっては大きな一歩でした。

最初の一歩を踏み出すには相当な勇気が必要でしたが、踏み出したあとは少しずつ話しかけられるようになっていき、2年生の頃にはクラスメイトに友達も増えました。そして、随分時間はかかりましたが、大学に進学した時には授業で初めて会った人にも、緊張はしつつも自分から話しかけることができるようになっていました。

このようにして極度の人見知りを改善していくことができ、大学を卒業して社会人になってから出会った人たちには、むしろ人見知りしない社交的な人だと見られることも多くなりました。社会人になってから中学校時代の友人に中学校時代ぶりに会った際、「そんなに話す人だったっけ?」と驚かれましたが、逆に社会人になってから出会った人に人見知りだった話をすると「想像できない」と驚かれます。

自分で変わろうと思ってなりたい自分をイメージし、勇気を出して行動に移したことで少しずつ変わっていくことができたのだと感じています。

内向的な性格でも自分次第で変わることができることもあります。もちろん、すべての人に通ずるわけではないとは思いますが、一つの事例として私は変わることができました。

中学生や高校生を含め、もっと社交的な人間になりたいと思う方がいたら、最初は計り知れない勇気が必要だとは思いますが、勇気を出して少しずつでも取り組んでみるといいと思います。その一歩を踏み出してみることで、自分の中で何かが変わっていくかもしれません。

積む

取り組むことで生まれる成果

100人近くいる部員で「ほぼ最下位」

高校へ入学するにあたって最初は広島皆実高校の体育科に推薦で入りたいと思い、中学校3年時に当時の監督にそのことを話しに行きました。しかし、「お前は無理だ」と一蹴され、一般入試を受けて普通科に進学しました。ちなみに一緒に2人で監督に話しに行ったもう1人の選手（同じ中学校だった）はレギュラーで県の選抜にも入っていたため「お前は行けるかもしれない。話してみよう」と言われ、彼は推薦で広島皆実高校の体育科に入りました。

中学校時代、チームではレギュラーではなく補欠だったため、監督の言っていたことは今思えば当然のことです。この時の私はまだ自分をしっかりと客観視できていなかったのでしょう。

よく広島皆実高校出身だと言うと多くの人に体育科だったと思われます。ただ、秦賢二さん、吉弘充志さん、森重真人選手、渡大生選手、重廣卓也選手などとは違い、私は体育科に入ることはできず勉強をして進学校である広島皆実高校の普通科に進学し、サッカー部に入部したのです。

100人近くいる部員の中で1年生の頃は試合のメンバーどころか、1年生だけの練習試合でも出場できるかできないかという位置付けでした。入学後初となる1年生だけの練習試合が3本行われ約30人の1年生が全員出場しましたが、主要な選手から順番に1本目から出場していき2本目、3本目に監督の指示で選手が交代していく形でした。一番最後の3本目まで私の名前は呼ばれませんでした。悔しい気持ちもありましたが、それが今の実力なのだと認めてそこから這い上がっていこうと当時思いました。

広島皆実高校は体育科の推薦で10人程度、サッカー部で獲得できるほか、普通科でサッカー部に入る生徒もだいたいは監督やコーチが中学校時代から把握している生徒が多く、9割くらいの選手は入学時に名前とポジションなどはスタッフはすでにほぼ知っていました。中学生のトレセン（選抜された選手たちが集まって行う練習会）も広島皆実高校のグラウンドで行っていましたが私はトレセンに一度も呼ばれたことはなく、卒業後数年経ってから当時の監督と話した際に「正直言って最初はまったくノーマークだった」と言われたように、やはり入学当初は私のことはほぼ知らなかったようでした。

自覚していたとはいえ、当時の私は明らかに周りの部員たちよりも技術が劣っていました。いわゆるボールを止める・蹴るの基本的な技術が足りないことはわかっていたので、自主練習で意識的に取り組みました。1人で行う際にはグラウンド横にあった木のボードに向けてインサイドパスの練習、他の選手がいる際には対面パスなどを、どこにボールを当てればどのようなボールが蹴れてどこでトラップすればボールが止まりやすいかなどを考えながら行っていました。その反面、自分の長所となりうる中学校時代に磨いた跳躍力とスピードを活かしたプレー、例えばヘディングなどにも磨きをかけていきました。ヘディングの競り合いはジャンプの落ち際でボールに当てるのが優位だということに気が付いたのもこの頃でした。

私の家から広島皆実高校までは徒歩↓電車↓自転車で通学には約1時間を要していましたが、早朝の4時に起床し始発の電車に乗って6時に学校に着いて練習をしていた（朝練は7時30分から）時期もありました。

放課後の全体練習後の自主練習も毎日1時間くらいは行っていました。

放課後の全体練習後の自主練習は2年生、3年生になってからも自分の課題に取り組んだり長所を伸ばしたりするために、その時の自分に必要なメニューを考えて公式戦前日などを除いて毎日やっていました。全体練習ももちろん全力で一つひとつ集中して取り組んだ上で、これらの自主練習で特に自分のスキルを高めていけた感覚があります。左右両足のキックの精度を磨いていったのもこの全体練習後の自主練習でした。

広島皆実高校は進学校ということもあり、私と同じように一般入試で普通科に入ってサッカー部に入部する生徒たちも自主的に練習に取り組む生徒が多く、練習後の自主練習はほぼ全員やっていました。むしろ、やるのが普通というような雰囲気があり、何人かで一緒にいろいろな練習をすることができたのも大きかったように思います。

そのような1年生の時の積み重ねが自分の力となっていきました。

Aチームの24番目にステップアップ

広島皆実高校が初めて出場した冬の高校選手権は2回戦で敗退して（私は当然25人の登録メンバー外だったので、スタンドで他の部員たちと一緒に応援歌などを歌いながら応援していました）３年生が引退したあと、新チームになって最初の遠征メンバー24人に初めて選ばれました。最後に名前を呼ばれたようにおそらく24番目の選手でしたが、「Aチームの遠征に行ける」と意気込んだのをよく覚えています。この24人はレギュラー組とサブ組で各ポジション２人ずつ（11人×２で22人）プラス２人という構成で、私はこのプラス２人（23番目と24番目の選手）のうちの１人で２人ともフォワードでした。

長崎県の強豪、国見高校との練習試合へ向けてバスで出発する遠征当日、サブ組の左サイドバックの選手が風邪で休みました。

これにより23人となり、サブ組の試合に出場する左サイドバックがいなくなってしまいました。試合は1日2試合（レギュラー組とサブ組）組まれているため、誰かが出場しなければならないという中で、余りの２人だったうちおそらく24番目の選手であった私に声がかかり、「柴村、左サイドバックをやってみろ」と監督に言われました。

人生で初めての左サイドバックで右も左もディフェンスの基本も知らない状態でしたが、サブ組とはいえ初めて出場するAチームでの試合、これもチャンスだと思ってとにかく必死でプレーをしました。

日々を自ら全力で取り組む重要性

この時のプレーがきっかけで監督は私を左サイドバックにコンバートすることを決めたようで、それからAチームの左サイドバックとしてプレーすることになりました。サイドバックどころかディフェンスのこともまったく知らず、ずっとフォワードでプレーしてきたのでまさか自分がディフェンダーをやることになるとは当時は思っていませんでしたが、とにかく監督や先輩の言うことをよく聞いて少しでも早くそのポジションに適応しようと努めました。

そうして同じディフェンスラインの先輩たちにも試合の度に怒鳴られながら指導してもらい、少しずつポジショニングなどを理解していき左サイドバックとしてレギュラーに定着していくことができました。

1年生の時に取り組んでいた練習が成果となって表れていきチャンスを掴むこととなり、レギュラーに定着することができたのです。そして、2年生の時に夏の全国高校総体（インターハイ）で勝ち進み、準決勝で優勝候補だった市立船橋高校（冬の全国高校選手権では全試合無失点で優勝したほど強かった）にもＰＫ戦の末に勝利し、八千代高校との決勝戦では延長戦でも決着がつかず3対3で引き分けとなり両校優勝となりました。

インターハイのあと広島県の国体選抜にも呼ばれました。トレセンにも一度も呼ばれたことのなかった私が初めて呼ばれたのが1つ年上の3年生の選手たちが主体の国体選抜でした。遠征を重ねて人数が絞られていく中、最終的に国体メンバー16人に選ばれ（2年生で選ばれたのは私を含めて4人）、3バックの左でレギュラーとして全試合に出場し、全国3位になりました。

2年生時のこれらの結果はそれまでに積み上げてきたことの成果にほかなりません。1年生の時に朝練習や自主練習、日々の全体練習などで自ら考えることなく何となく日々の全体練習をこなしていたとしたら、2年生時のチャンスも来なかったでしょう。仮に来ていても力を発揮できず二度とチャンスは来なかったかもしれません。

日々努力をしていれば必ずこのようなチャンスが巡ってくるというわけではないとは思いますが、日々全力で取り組んでいったことは必ず自分の力になっていきます。成果はすぐに表れるとは限りません。ただ、自分が取り組んだことの積み重ねが自分を形作っていくのだと改めて感じた1年でした。

組む　大学の単位の取り方

単位取得の組み立ては格好の「社会トレーニング」

大学の勉強はサッカーや人生においてどのように活きてくるのでしょうか。

高校までは授業のカリキュラムや時間はほぼ決まっており、決まった時間割通りに授業を受けて勉強することが多いと思います。私が通っていた広島皆実高校の普通科でも2年生になる時に理系か文系かを選択することと（理系を選択）、選択できる教科は一部ありましたが、概ね決まった時間割で動いていました。

高校までの仕組みと異なり大学では卒業に必要な単位数、必修単位が学部学科ごとに定められている中で、自分で授業を選択し時間割スケジュールを組み立てていきます。

大学に通っていた方や現在通われている方などは当然知っていることだと思いますが、ここではこれから通おうとされているまだ通われていない方（高校生など）に向けて少しでも参考になればと思います。

同じ教科でも先生が異なる授業や実施時間帯が異なったりしており、自分のスケジュールに合わせて（部活がある場合は部活の練習時間をなるべく外すなど）、自由にパズルをはめるように組み立てていきます。

そして、授業ごとに評価方法も異なっていきます。出席重視の授業もあれば、出欠は取らずテストの点だけで評価する授業もあったりします。

そうした中、単位を取得する方法は高校までと異なり多岐に渡ります。

出席重視の授業で一度も休まず出席する、あまり出席できなくても自分で勉強してテストで合格点を取る、授業に出席できなかった時には同じ授業を履修している友人にプリントや内容を聞いたりする、同じ授業を履修していた先輩に昨年のテスト問題や授業や先生のことなどを聞いて傾向を探る、などです。部活をしていると試合や練習などによって授業に出席できないこともあります。

そのような状況の中、単位を取得する目的のためにどのような方法を選択してもいいわけであり、これは社会に出て仕事を成立させるために様々な方法を考えて実行することに似ていて、社会に出た時に必要なスキルを培うトレーニングになるのではないかと当時の私は思いました。

今思えば、先生の傾向や過去問題を調べたりして自分の得意分野も考えた上で授業を選択していくのは、市場をリサーチして顧客のニーズを掴み、自社の強みを生かして提供するというマーケティングの流れと類似しており、他の予定と授業のスケジュールを組み立てて必要なタスクを管理して遂行し単位を取得していく一連の作業は、プロジェクトに応じた行うべき作業を細分化して管理するタスク管理やスケジュール管理のトレーニングにもなっていったと感じています。

目的から逆算した目標を立てる

大学で卒業に必要な単位数は４年生の課程で１２４単位以上と法令で定められており、私が在学していた中央大学商学部経営学科も１２４単位でした。

１年生時に履修できる単位数は最大で28単位と定められており、２年生時は40単位＋１年生時に取得できなかった単位数という形で、１２４単位以上取得するには必ず３年以上かかる仕組みでした。

その仕組みをまず頭に入れた時に、卒業後の進路を見据えて「3年間で卒業に必要な単位を取得しよう」と目標を立てました。なぜなら、4年生になった際にJリーグクラブなどへ練習参加をすることになった時、「卒業のために授業に出ないといけないので行けない」ということのないようにしようと考えたからです。

Jリーグクラブ側からオファーが来た場合はある程度、融通を利かせてくれるでしょうが、自分から売り込んだり監督から推薦してもらったりしていた場合は、先方（Jリーグクラブ）の都合に合わせる必要があるからです。「この日は授業に出ないといけません」と言うと、「じゃあ、また別の日に」となって、そのままもう練習参加できなくなるパターンも十分にあり得ます。

もちろん、3年生以前の時点でオファーが来る選手もいます。Jリーグクラブ側からのアプローチで融通が利く状況になっている可能性もあります。しかし、そうでなかった場合でもプロサッカー選手という進路を実現する可能性を少しでも広げるために、授業に行かなくてもいい状況にしておく必要があると考えました。

卒業に必要な単位数である124単位を3年間で取得する必要があるわけですが、教育実習に行き教員免許を取得することも自分の成長や社会を知るために必要なことだと考えていたため教職課程も履修しました。教職課程を修了するのに必要な単位数は67単位でしたが、卒業に必要な授業と被っている授業もあるため、実際に追加になったのは30単位程でした。それに加えて教育実習、特別支援学校などでの5日間の介護体験（中学校の教員免許を取得するのに必要）が追加されるという形でした。

私が在籍していた商学部で取得可能なのは社会の教員免許で、科目は地理、歴史、公民、商業、中学社会だったため、まず2年生になる際にすべて履修しました。

そして、授業を組み立てていくと1〜5限まででは収まらないので、夜間の授業も履修する必要がありました。

例えば、3年生時の金曜日は2〜7限まで詰まっていて、2限が12時30分に終わって昼休みにグラウンドに行って練習をし、13時20分から始まる3限には少し遅れて行き、そして、最後の7限が終わるのが21時20分というスケジュールでした。

土曜日の夜にも授業を入れる必要があったため、土曜日に試合がある時は西が丘サッカー場で試合をしたあと、18時10分からの6限と19時50分からの7限に出席するケースもありました。

そのような授業スケジュールの中で、夜に授業がない時は八王子のジムにトレーニングしに行ったりアルバイトを入れるなど、時間を有効活用するために行っていた自分のスケジュール管理のスキルは、プロサッカー選手になってからの特にオフ期間のスケジュール管理に繋がりました。さらに、多岐にわたる仕事をしながらサッカーをプレーする現在のスケジュール、タスク管理にも繋がっていきました。

授業ごとに目標ラインを設定する

話を大学の授業に戻すと、多くの授業がある中で小学生の頃のようにすべての授業で満点を目指して取り組むのは難しいと考えました。自分なりに自分の力量と頑張ればできるラインを考え、基本的には「単位を取る」ことを目標ラインに設定しました（詳細は「勉強の習慣化」の項）。

ただ、その中でも興味があり、取り組みたい授業をいくつか選び、それらについては「満点を目指して取り組む」ことにして、メリハリをつけるようにしました。

私にとってはその時の経営史や数学などがそれに該当しました。

経営史の授業は先生が最初のガイダンスで「単位を取ろうとだけ考えている学生は私の

授業は取らないほうがいい。私の授業はしっかりと授業を聞いていないと絶対にテストで点は取れないので、簡単には単位は取れない。テストはすべて論述式。出欠も取らず出席点もない。本当に私の授業を受けたいと思う人だけ履修してほしい」と言っていて、熱意のある先生で「これは面白そうだ」と思い履修しました。

この授業は金曜日の3限にあり、金曜日は2限のあと昼休みにグラウンドに行ってトレーニングをし、少し遅れて行くことが多かったのですが、意欲的に授業に取り組んだことでテストで点を取ることができたため達成感がありました。

数学に関しては商学部経営学科の必修ではなかったのですが、得意分野だったのでどのくらい自分ができるのかチャレンジしたい気持ちもあり、月曜日の1限という時間ながらしっかりと取り組み及第点を取ることができました。

私は自分が満点を目標に取り組む授業数の設定を数個だけにしていましたが、もっとたくさんできるという方もいるでしょうし、もちろん一つでもいいと思います。

精いっぱい取り組むからこそ達成感や悔しさを味わえると思うので、自分が頑張ればできそうな範囲で単位を取るラインの授業と、より高い評価をラインにする授業を分けて設定しメリハリをつけるといいと思います。もちろん、すべてで高い評価を目標にできそうな方は分ける必要はありません。

そのようにして結果的に私は目標通り3年生を終えるまでに、卒業単位、教職課程に必要な単位（教育実習は4年生時だったため教育実習を除いて）をすべて取得することができました。

今思えば、夜に授業がない日は八王子のジムでトレーニングしたり、アルバイトを入れて社会勉強をしたり、寮で先輩に様々な話を聞いたり、試合の翌日は部屋で試合のビデオを観て振り返って研究したり、大学時代はそれなりに忙しなく過ごしていながら、楽しくもありました。それは様々なことがそれぞれに繋がっていく感覚があり、一つひとつのことを精いっぱい取り組んでいたからだと思います。もちろん、うまくいかないことや悔しい思いもしましたが、そういう思いも精いっぱい取り組んだからこそ得られたもので、仮に何となくやっていれば悔しさもさほどなかったでしょうし、悔しい気持ちをバネにして成長することもそこまでできなかったはずです。

このように自分なりに目標を決めて取り組み、やっていることが繫がっていくと思いながら様々なことに取り組んでいったことが大学生活を充実したものにし、そして自分自身が成長していくことに繫がっていったのだと思います。

馴染む

寮生活のススメ

同部屋の住人に気を遣う重要性

高校や大学などの場所や方針によっては親元を離れて寮生活をする場合もあります。寮生活をする環境がいいのか、実家から通える環境がいいのか、または大学などで一人暮らしをする環境がいいのか、進路を考える際に迷う場面もあるでしょう。

私自身の経験からすると、もし寮生活をする機会があるなら経験しておいたほうがいいと思います。そして、相部屋であるとなおいいです。

私自身は高校までは実家から通い、大学4年間は寮で生活しました。

当初は大学からは寮生活ではなく一人暮らしをしたいと思っていました。

しかし、行きたい大学を選ぶ際にサッカーと勉強を優先して選んでいたため、行きたい大学（中央大学）が結果的に寮生活だったので寮生活をすることになりました。

当時の中央大学サッカー部はスポーツ推薦で入学した場合、特別な理由がない限り4年間必ず寮生活というルールでした（現在は多少ルールも変化しています）。

しかも、寮の部屋は4人部屋（現在は2人部屋）でした。部屋のドアを開けると2段ベッドが2つあり、その奥に机が4つ敷き詰められているだけの広さ18㎡（10畳程度）の部屋でした。

4人の構成は基本的には1～4年生の各学年1人ずつ。そして、1年生が部屋の掃除と4人分の洗濯を毎日行うルールでした。練習着などを洗う「汚れ物」のカゴと私服などを洗う「キレイ物」のカゴの2つが部屋にあり、分けて洗濯するため1日2回の洗濯↓部屋干しが必須でした。

しかも、洗濯機はサッカー部の部屋があるフロアに4台しかなかったため、洗濯機がなかなか確保できずに夜の12時過ぎまで洗濯が終わらないこともありました。

オフの前日を除いて基本的に夜は11時半には就寝し、朝は7時半に起床して部屋で朝食を摂っていた私は、相部屋の3人を起こさないように目覚ましは4年間音を鳴らさないように携帯電話のマナーモード機能で設定していました。それで起きられなかったことが一度もなかったのは、自分が朝型タイプだったからというのも大きいと思うので夜型タイプの方がそれを無理に行う必要はありません。ここで伝えたいことは、このように他人と相部屋である環境で様々なことに気を遣うことで人は徐々にそれに慣れていくということです。

誰もが徐々に馴染んでいく

私もそれまで他人と共同生活をした経験はなく、中学校2年生時にクラブチームの遠征で福岡県の相手チーム選手の家に1泊ホームステイをしただけでも、どのように振る舞っていいかわからずかなり緊張した記憶があります。

そのため、寮生活、ましてや4人部屋は当時の自分にとっては恐怖そのものでした。4人部屋という未知の領域で、それも4年間過ごすことになりました。

最初のうちは起きている時間は常時緊張し、夜もなかなか寝付けず少しの物音で目が覚めるなどなかなか慣れませんでした。

ただ、同部屋だった2年生の石原さん、3年生の芦田さん、4年生の高嶋さんが優しくしてくれたおかげもあり、徐々に馴染んでいくことができました。

極度の人見知りだった私（詳細は「コラムI　極度の人見知りだった中学校時代」の項）でも4年間、4人部屋の寮生活を無事に終えることができました。

私のように入寮する前は4人部屋に抵抗があった選手も少なくないと思います。しかし、全員が徐々に馴染んでいくものです。最終的に寮がストレスで体調を崩して退寮を余儀なくされるような部員は、私が知っている限り少なくともサッカー部では1人もいませんでした。

もちろん、慣れない環境なので最初はストレスがかかります。ただ、徐々に慣れていくので、寮生活、相部屋は勇気を出して学生時代に経験しておくといいと思います。そうすると、その後に相部屋の局面があっても慣れがあるため、ストレスは少なくなります。

大学卒業直後、シンガポールで3LDKのコンドミニアムに3人の選手で共同生活をしましたが、それぞれ1人部屋があったのでむしろ快適にさえ感じました。

海外のホテルでは相部屋がほとんど

海外に行くと相部屋であることがほとんどです。

日本だと試合前日のアウェーのホテルも1人部屋が基本ですが、海外では2人部屋が基本でした。

ラトビアのクラブでは初日からラトビア人選手と1週間2人部屋で（詳細は「柴村直弥の場合II　欧州のクラブとの契約までの流れ」の項）、その後もナイジェリア人選手とよく相部屋になっていました。ウズベキスタンではセルビア人選手、モンテネグロ人選手、ウズベキスタン人選手、ジョージア人選手など、様々な選手たちと試合前日のホテルで相部屋になりました。

例えば、ジョージア人の選手は翌日の試合開始が夕方や夜の時、夜遅く寝て遅く起きるというスタイルで、私の早寝早起きとは真逆のスタイルでした。私が就寝する23時頃でも彼は彼女とSkypeで通話をしていて、声は小さくしてくれてはいたものの、深夜1時や2時頃まで彼の話し声が聞こえる状況でした。

その状況では大学時代に4人部屋で何かしら物音が聞こえる中で4年間寝ていた経験が活きました。「そういうこともあるよね」と必要以上にストレスを感じることもなく、日本から耳栓を複数セット（寝ている間に落ちてなくなることもあるため）持っていっておくという対策も講じていました。

逆に、私が起きる時には彼は寝ているので、できるだけ物音を立てずに彼を起こさないように準備していました。これは大学時代の特に1年生の時に先輩を起こさないようにと注意を払ってやっていた経験（それを行うことへのストレスの緩和）が活きました。

一方で相部屋の慣れがなく過度なストレスを受けるようだと試合のプレーにも影響します。やはり学生時代など早いうちに慣れておくほうがいいと感じます。

特に年齢を重ねて自分の生活リズムが構築されてくると、そのリズムをを崩すことへのストレスも大きくなります。

学生時代など比較的若いうちに相部屋を経験しておくことで、その後の人生で同じような状況になった時のストレスは少なくなると思います。

私の場合、意図的に大学から4人部屋にしたわけではありませんが、前記のような理由から寮生活を経験しておいて結果的によかったと感じています。

もちろん、相部屋で寮生活をしていてどうしても合わない人も出てくるでしょう。その場合は無理をせずに身近な人に相談して環境を変えてもいいのではないでしょうか。

寮生活、相部屋は最初は勇気のいることだと思いますが、それは自分の生きていくスキルを高めることに繋がります。

ご両親の立場からすると我が子が旅立つのは寂しくもあるでしょうし、不安もあることでしょう。しかし、サッカーという明確な目的がある以上、人はその環境に馴染もうと努力します。それが本人の人間的な成長にも繋がっていくはずなので、そのような機会があればぜひ背中を押してあげるといいと思います。

磨く

アルバイトのスキル

サッカーと勉強に優先順位は置きながら働く

アルバイトは社会の仕組みや市場を知る上でのいい勉強になります。当然、サッカーも社会の中に存在しているので、可能な環境であれば学生時代に少しでも経験しておくといいと思います。

私がアルバイトを最初に経験したのは大学1年生の時でした。冬のオフシーズンにサッカー部の仲間がやっていた郵便局の荷物の仕分けのアルバイトを始めました。22時〜早朝6時までの深夜のアルバイトだったため他よりも割が良く、1回1万円程度の収入がありました。大学サッカーのシーズン中はコンディションが悪くなってしまうため、冬のオフシーズンで練習が休みの日に行っていました。

その後、2年生になってからは中学生の家庭教師、カラオケ店のアルバイトを始めました。アルバイトを始めた理由は二つあり、一つは将来的に欧州で挑戦したいと考えていたのでその資金にするため、もう一つは前述したように社会勉強のためでした。

中央大学サッカー部の山口芳忠監督は「無理のない範囲でできるなら、アルバイトをして社会勉強をしろ」という方針だったので、もちろん、サッカー、勉強を最優先としながら、自分でスケジュールを組み立ててアルバイトを適宜入れていきました。

家庭教師は求人冊子に書いてあった家庭教師の派遣会社に連絡して登録し、その後、依頼をもらうという流れで中学生の男の子に主に数学を教えていました。どのように説明すれば理解してもらえるかを考えながら教えることは、コミュニケーションスキルを磨くことに繋がったように思います。時給は2000円、1回1時間30分で3000円とこれも割が良く、週に1回、もしくは隔週に1回という間隔もサッカーと勉強がある中ではちょうどいいものでした。

カラオケ店では店長との面接で「週末は試合があるため、金、土、日、祝日は入れない」、さらに「コンディション調整のため深夜も入れない」と、最も忙しい時間帯に入れないことを伝えたにもかかわらず採用してもらい、主に平日の17～20時や17～23時、20～23時などの時間に入らせてもらいました。2年生の時に始めて卒業までの3年間働きましたが、店長、スタッフには融通を利かせてもらい、本当に感謝しかありません。ちなみに時給は750円でした。

これは余談ですが、カラオケ店の店長はサッカーが好きで「柴村くんがプロになったらいつか試合を観に行くから」と言ってくれていました。その後、店長は故郷である札幌に転職したと聞いていたので、アビスパ福岡の選手として札幌でコンサドーレ札幌と試合をする際、4年ぶりに店長に電話をしました。「札幌で試合をするのでもし良かったら観に来ませんか？」と試合に誘うと、当時から付き合っていた私のアルバイト仲間だった奥様と子どもの3人で試合を観に来てくれて、試合後に話すこともできました。アルバイトの面接からの縁がその後も繋がっていき、アルバイトをして良かったと感じた瞬間でもありました。

アルバイトのスキルはサッカーにも生きる

その他には、4年生になった時は取得しなければならない授業がなくなったので（卒業、教職課程に必要な単位を取得したため）、バーテンダーのアルバイトも始めました。カラオケ店と同じようにコンディションに支障が出ないように、週末と深夜は入らないという条件で幸運にも採用してもらい、オフの前日を除いて平日は遅くても23時までしか働いていませんでしたが、当時25歳だった店長には大変可愛がってもらいました。接客のイロハをいろいろと教えてもらい、コミュニケーションスキルやお客さんが何をしたいのか観察することなど、サッカーにも通ずる部分が多くかなり勉強になりました。

そのバーはフロアにビリヤード台とダーツ台があり、席もテーブル席とカウンター席がありそれなりの広さがあったためお客さんの目的も様々でした。二次会で盛り上がりたいグループのお客さん、ダーツのスキルアップに来ているお客さん、ビリヤードをしに来ているお客さん、カウンターでバーテンダーと話をしに来ているお客さんなど、最初はそれぞれの目的を察するのも人生経験の少ない自分には困難なものでした。

そんな中、店長から「まずは会話してみろ」と言われたこともあり、ほとんどのお客さんに自分から会話をしにいきました。中には失礼をしてしまったお客さんもいたとは思いますが、まずは行動あるのみと考えて勇気を出してとにかくアプローチしていきました。

そうしてお客さんと会話しお客さんの行動を観察していく中で、目的を察してそれに沿った接客をするということが少しずつできるようになっていきました。

さらに、店長から「お客様に『すみません』と言わせるな」と指導されたことで、カウンターでドリンクを作ったり洗い物などの作業をしている際もお客さんと会話をしながら全体に目を配り、メニューを見始めたお客さんやグラスが空になりそうなお客さんのところへスッと行き、メニューを見ているお客さんには「何か飲まれますか？」、グラスが空いたお客さんには「同じものでいいですか？」などと声をかけるように意識していきました。もちろん、本職のバーテンダーの足元にも及ばないレベルではありましたが、少しずつできるようになっていき、4年生の秋に「卒業したらやっぱりサッカーの道へ進むのか？オレと一緒に店をやらないか？」と独立する準備を進めていた店長に声をかけられたのも、やってきたことを評価してもらったからかもしれません。「サッカーをします」と丁重にお断りしましたが、店長には多くのことを教えてもらいました。

サッカーにおいてもボールを見ながら間接視野でできるだけ広いエリアの選手やスペースを把握することは大切なことです。作業をしながらも全体に気を配って観察するスキルや対人関係のコミュニケーションスキルなど、バーでの経験はその後のプレーにも活きていったと感じています。

スキル以外にも社会の仕組みやどの程度の労働でどの程度の対価を得られるのかなどの

市場価格を実感するという点でも勉強になることが多くありました。特に人と接する仕事ではコミュニケーションスキルが養えます。もちろん、練習を休んだりコンディションを著しく低下させるようなアルバイトは本末転倒ですが、チームでアルバイトが許されていれば経験しておいて損はないと思います。

自己評価と他者評価の違い分ける

自己評価は単なる勘違い

自分は頑張っているのに正当に評価されないと思った経験はないでしょうか。

先発の選手が他者によって選ばれるサッカーやバスケットボール、バレーボールやラグビーなどチームスポーツの競技をやっている選手は、「他者に選ばれる」機会が毎試合あるため比較的そのような経験をしやすいと思います。

前の試合でゴールを決めたのに次の試合で先発から外れた、90分間いいプレーをしているはずなのに先発に入れないなどです。

私もそのような経験があります。

ただ、本来他者が評価するものを「自分自身で勝手に評価してしまっていた」と振り返るとそう改めて思います。

広島皆実高校で1年生から取り組んできたことが成果として表れ、2年生からレギュラーとなりインターハイ優勝や国体3位を経験することができた一方で、卒業後に進んだ中央大学では全国から有数な選手たちが集まる上、上級生もいる中で最初はなかなか試合に出場することができませんでした。

中央大学サッカー部は当時大学サッカー界において全国で最もレベルが高いと言われていた関東大学1部リーグに所属しており、1950年の1部昇格以来50年間1度も2部に降格したことがない、数多くのオリンピック選手、日本代表選手を輩出している名門でした。私が入学する前年度も関東大学1部リーグで3位の好成績を残しており、全国から推薦入試で実績のある選手たちが集まっていました。

そのような環境の中、高校の卒業式を終えた3月初旬からチームに合流し、名古屋遠征などを経て関東大学1部リーグ第2節からベンチ入りメンバーに入ることができました。この試合には出場することができなかったとはいえ、「ベンチ入りしたことは第一歩だから、頑張ればいずれ使ってもらえるだろう。練習からさらにアピールしていこう！」と気持ちを高めて日々の練習に取り組んでいました。

しかし、第3、4節とベンチを温める私の出場機会は一向に巡ってきません。

いつでも出場できるように試合開始とともにベンチの横でウォーミングアップを始め、後半に入ると他の控えのメンバーたちが次々に監督に呼ばれ出場していく姿を横目にウォーミングアップのペースを上げます。「次は自分かもしれない」。ベンチの横でウォーミングアップをしていると3人目の交代選手が呼ばれ、試合に出場できないことが確定します。それでも交代が成立するまでに誰かがケガをして自分の出番が来るかもしれません。わずかな可能性でもあるならとその選手が着替え始めても交代が成立するまではウォーミングアップを続けていました。しかし、出場機会は巡ってきませんでした。

しかもチームの調子もよくなく、開幕から勝てない試合が続きました。自分が出場できずにチームも負けるという結果にやり場のない悔しさと憤りが込み上げてきます。

試合の帰り、電車の中でどうしようもないモヤモヤ感に包まれたことがありました。寮に帰るとすぐさま練習着に着替え外に走りに行きました。どれだけ汗をかいてもそのモヤモヤ感は晴れませんでした。チーム練習がオフの翌日も1人グラウンドへ行って倉庫を開け、ボールを出してひたすら壁に向かってボールを蹴りました。いつかチャンスは来る。そう自分に言い聞かせてボールを蹴り続けました。

さらにモヤモヤ感に拍車をかけたのは、同じ1年生の他の選手たちが次々に自分よりも先にリーグ戦デビューを果たしていったことです。

どうして自分は試合に使ってもらえないのだろうか？　チームの調子がよくないのになぜ替えようとしないのか？　自分だったらもっとこういうプレーができて、チームが勝てるようなプレーができるのに……。

あとから思えば、これはまさに自己評価をしてしまっていて、「何を勘違いしてるんだ」と自分に言いたくなるような勝手な思考にすぎません。しかし、当時の私は様々な感情が交差し、気持ちに余裕がありませんでした。

プロという目標に向かっていくために選んだ道なのに……。高校時代に国体で同じチームで戦った1つ年齢が上の森﨑兄弟（和幸さん、浩司さん）や駒野友一さんはすでにサンフレッチェ広島でレギュラーとして活躍していました。高校時代に対戦した同世代の大久保嘉人選手や今野泰幸選手など1年目からすでにJリーグデビューを飾っていた選手たちも少なくありません。プロになるためには大学で1年生から試合に出場して結果を残し続けていかないと……。そう考えていた私は試合に出場できない焦りと苛立ちでモヤモヤとした日々を過ごしていました。

結果と評価は同じではない

第4、5節……毎週末のリーグ戦で同じようにベンチに入りながらも1度も試合中に監督に呼ばれることなく、関東大学1部前期リーグが最終戦を残して中断に入りました。

その間に行われた関東選手権。ディフェンダーでレギュラーの4年生の選手が教育実習で不在だったため、ついに試合出場のチャンスが巡ってきました。「ここでアピールしてレギュラーに定着してやる」という強い気持ちを持って臨んだこの大会、3位決定戦の日本体育大学との試合では3バックの真ん中のポジションで先発出場し、コーナーキックからのボールをヘディングでゴールも決め1対0で勝利しました。

これまでベンチで次々に他の選手たちが呼ばれる屈辱的な気分を味わいながらも、絶対にチャンスをモノにしてやると毎日トレーニングを積んできたその成果をピッチで結果として示すことができました。その日の帰りの新宿からの京王線の電車内ではこれまでのモヤモヤ感はなく、「結果を出した」高揚感と爽快感に包まれていました。これでレギュラーを奪取できる。思い上がった気持ちになっていました。

そして、教育実習から4年生が帰ってきて迎えた関東大学1部リーグ前期最終戦、国士舘大学との試合はいつものように前日に発表されるベンチ入り18人のメンバーに選ばれ、意気揚々と試合会場へ向かいました。

控え室でのスタメン発表、ゴールキーパーからディフェンダー、ミッドフィールダー、フォワードの順番でスタメンを発表することが常であり、この日もゴールキーパーから監督が名前を呼んでいきます。「ゴールキーパー白須（真介）、ディフェンダー……」いよいよです。「ディフェンダー（星野）大樹、（松本）雄介、（伊藤）圭、ミッドフィールダー（根津）賢太郎、マサ（太田真嗣）、（中村）憲剛……」自分の名前は呼ばれませんでした。

そしてその試合も私はベンチ横でウォーミングアップをしたまま試合終了のホイッスルを聞きました。中央大学は1勝もすることができず後期に折り返すこととなりました。

西が丘サッカー場からの帰りの電車内、ものすごく情けない気持ちになりました。試合で結果を出したから使ってもらえる、念願のリーグ戦デビューを飾れる、チームが勝つための力になれる、そんなイメージで期待して向かった行きの電車と帰りの電車では気持ちはまったく異なるものになりました。

結果を出したからといって試合に使ってもらえるとは限らない。自分では結果を出したつもりでも監督から見た評価は同じものではない場合もあり、それが現レギュラーの選手を凌駕するものであるとは限りません。これまでの試合の流れや相手チームとの兼ね合いもあるでしょう。

すべては自分自身の力のなさが原因とはいえ、頭ではわかってはいながら、なかなか気持ちと折り合いがつかない日々が続きました。

自分の力を客観的に捉える大切さ

とにかく自分の力を高めること、それに尽きると思い日々トレーニングに励みました。

具体的に取り組んでいたこととしては、オフの日にグラウンドへ行って練習（壁に向かってキックとボールコントロールの練習や器具を活用したジャンプトレーニングなど）したり、練習試合などの映像を振り返って自己分析をして課題を抽出したり、ジムでトレーニングを行ったりしていました。いつもジムでトレーニングをしていた1つ上の先輩である植村慶さん（大学卒業後、湘南ベルマーレに入団）が行っていたトレーニング方法を聞いて教えてもらい実践していったり（そのトレーニングは卒業まで続けて効果も実感）、先輩に聞くことも身になっていきました。

そして、夏の合宿を終え、秋から始まった後期リーグ戦、またしてもベンチ入りはするものの試合に出られない日々が続きました。

結局1年間リーグ戦のほぼすべての試合にベンチ入りしながら1試合も出場することができず、中央大学も最下位で初めての2部降格という結果になってしまいました。

試合には出場していないものの、チームの一員として先輩たちの築き上げてきた伝統の中央大学を創部以来初めて2部に降格させてしまったことに対して責任を感じていました。降格が決まった日の夜は他の部屋からすすり泣く4年生の声が聞こえるなど寮の空気も重く、自分の気持ちにも整理をつけるべく外に出ました。先輩のためにも来年は絶対に2部で優勝して1年で1部に戻ってこなければならないと強く誓ったのです。それに加え、「試合に出場してリーグのベストイレブンに選出」を自分の目標にしました。

翌年のリーグ開幕戦、対早稲田大学戦でコーナーキックからヘディングでゴールを決め、最終戦の日本大学との事実上の昇格決定戦でも憲剛さんのフリーキックからヘディングで先制ゴールを決めました。関東大学2部リーグ優勝を果たし目標としていた1年での1部昇格、そして私はベストイレブンを受賞しました。

1年生の時に日々考えながら全力で取り組んでいたことはすぐさま結果として表れるこ

とはありませんでしたが、2年生になった時にその成果が結果として表れていきました。

1年生時の1年間、様々な感情が交差していく中で再確認したのは、負の感情と向き合い過信することなく自分の力を客観的に捉えることの大切さでした。

うまくいかない原因を自分以外に求めるのは簡単です。試合に出られないのは監督のせい、勝てないのはチームの誰かのせい……改善するための分析は必要ですが、何かのせいにしすぎてしまうことは自分が成長する妨げになります。

他者の評価はコントロールできません。他者の評価を自分の力だと受け止め、自分自身がどのように取り組むかが大事だとこの経験から改めて実感しました。

自分の期待値で悔しさの有無が決まる

振り返ると高校1年生の頃は悔しい感情がそこまでありませんでした。一番下のチームからスタートしていたのでその評価で当然だと思っていたからでしょう。

それが大学1年生の頃は悔しい感情に支配されていました。それは自分が評価を期待していたからです。自分の期待値よりも周囲の評価が低かったためにそのような感情が湧いてきたのです。自分の期待値に向けて取り組むことは一つの原動力なのかもしれません。

これはプロに入ってからの話になりますが、ラトビアのFKヴェンツピルスに入団後、リーグ開幕当初は試合に出場できませんでした。試合に出られる外国人は5人までその倍となる10人の外国人が在籍していたためです。しかし、欧州のクラブと契約できて満足という気持ちではなく、試合に出られない悔しい気持ちのほうが強かったのです。その気持ちが日々の取り組みに繋がり、初出場の公式戦で成果を発揮して充実感を得つつも、さらに取り組み続け徐々にレギュラーに定着していくことができました。

UEFAチャンピオンズリーグ、UEFAヨーロッパリーグに出場することも自分の目標の一つとして掲げていました。実際にヨーロッパリーグに出場した際、2回戦はベラルーシのシャフティオールに勝利したものの、3回戦でセルビアの名門レッドスター・ベオグラードに敗戦し悔しい思いをしました。「ヨーロッパリーグに出場できたからよかった」とは到底思えませんでした。もっと自分を高めないといけない、そう感じる出来事になりました。

そのように悔しい気持ちが湧いてくるのはそれに向けて全力で取り組んできたからであり、その悔しい気持ちがさらなる成長に繋がる要因の一つになると感じます。

コラムII　地元に帰った熊本のとある選手

大学を辞めてサッカーも辞める

私が中央大学1年生の時、同級生にスポーツ推薦で熊本の高校から入学してきたとある選手がいました。非常に優れた選手で1年生はなかなか試合に出場できない状況の中、彼は最も多くの試合に出場していました（「自己評価と他者評価の違い」の項でも記したように私は出場ゼロ）。私も彼も西日本の出身ということもあって入学当初から意気投合し、仲良くしていましたが、ある日、彼は同じ寮の私の部屋にやってきて神妙な面持ちでこう話してきました。

「大学とサッカーを辞めて地元に帰って働かないといけなくなった」

驚いた私はただ彼の話を聞きました。

両親の仕事の都合で大学生活を続けることが困難になり、大学とサッカーも辞めて働かなければならないとのことでした。私は彼に何と声をかけていいかわかりませんでした。

おそらく私たち1年生の中で最も能力があり、最も期待されていた選手で、順調に行けばプロサッカー選手になれたでしょう。幼い頃からの夢であったプロサッカー選手になれそうなところまで来て、夢をあきらめなければならない状況に直面した彼の気持ちを考えると、当たり前のように夢に向かって練習に励むことができる自分はどれだけ恵まれているのだろうとその時思いました。小学校、中学校、高校、大学とサッカーをやらせてもらえている両親への感謝の気持ちが改めて湧いてきたのです。

それから彼との連絡は途絶えていましたが、彼が大学を辞めてから7年後に再会を果たしました。私がアビスパ福岡に在籍していた時の開幕戦、アビスパ福岡対サガン鳥栖の九州ダービーを観に来てくれたのです。元気そうな彼の姿を見て安心した私に「ずっと応援してるから頑張れよ！」と笑顔でそう言ってくれました。

彼はどんな想いでその言葉をかけてくれたのでしょうか。大学とサッカーを辞めなければならなくなった時、どんな気持ちだったのでしょうか。

そのような経験をしていない自分にとっては想像しかできませんが、大学とサッカーを同時に辞めなければならない時にはやり切れない想い、様々な葛藤があったと思います。

サッカーをやらせてもらえるからこそこの場にいられることを改めて感じた出来事でした。

知る　Jリーガーになるまでの仕組み

すべてはスカウトに観てもらうことから始まる

プロサッカー選手にはどうやったらなれるのでしょうか。

もちろん、サッカーのスキルが最重要事項ではありますが、プロサッカー選手になるまでの仕組みについて説明していきます。

海外では異なる部分もありますが、ここでは日本の場合を記載していきます。

わかりやすくするため、日本のプロサッカー選手＝Jリーガーと定義付けした上で話を進めていきたいと思います。

もちろん、Jリーグではないカテゴリー、JFLや各地域リーグや都府県リーグでも「プロ契約」が存在し、「プロサッカー選手」という形はあります。逆にJ3の選手でもアマチュア契約の形もありますが、わかりやすくするためにここでは「Jリーガー」に絞って記載していきます。

Ｊリーガーになるための第一歩としてまずみなさんが思い描くこととしては、「Ｊリーグクラブのスカウトの目に留まる」ということがあるかと思います。では、Ｊリーグクラブのスカウトはどのような試合を観ているのでしょうか。当然、高校年代の全国大会（インターハイ、高校選手権、クラブユース選手権など）、大学年代の全国大会（総理大臣杯、インカレ、デンソーカップなど）には多くのクラブのスカウトが会場へ視察に訪れます。一つはこういった全国大会に出場して、Ｊクラブのスカウトに「良い」と思ってもらう必要があります。

また、それぞれのクラブがある都市での試合、その近隣の試合はスカウトが足を運びやすい（交通費や宿泊費などの経費があまりかからないためクラブとしてもスカウトを派遣しやすい）ため、その地域にあるクラブのスカウトに県大会、プリンスリーグや大学リーグなど地域レベルのリーグ戦を観てもらえる可能性もあります。流れを整理すると、

1　スカウトの目に留まる

2　スカウティングリストに入る

3　定期的に試合をチェックしてもらう
4　トップチームの練習参加の依頼が来る
5　練習でいいプレーをしてクラブ関係者（現場スタッフや強化部長、ＧＭなど）から
　　ＯＫが出る
6　正式なオファーが来る

というのが一つの基本的な流れになります。

もちろん、クラブによってそのフローは様々で、時期的にクラブに時間がなかったりすると1から一気に4に行く場合もあります。練習参加可能な期間がなかったり、他と競合していたりする場合などに4、5を飛ばして練習参加なしで6、いきなりオファーが来る場合もあります。

また、所属チームの監督やコーチなどからＪリーグクラブのスカウトに推薦があり、スカウトが直に観て2に入る場合もあります。

近年では映像がメールなどで容易にやり取りできるので、選手のプレーハイライト映像を作成することが以前よりも簡易的になっています。そのため、主要な全国大会に出てい

なくても、サッカー関係者のネットワークや指導者からの推薦で、映像がスカウトや強化部長、GMなどの元へメールやLINEなどで送られてきて、それをクラブ関係者が観ることで興味を持ち始めるケースもあります。

また、JリーグクラブのU—15（15歳以下）、U—18（18歳以下）などのアカデミーに所属している場合は、前述のケースに加えて所属しているクラブのトップチームの強化部へ情報が伝わりやすくなります。良い評価をもらえれば仮に中学生でも4↓5↓6と進み、トップチームに登録される可能性もあります。

最近の事例として2021年2月に東京ヴェルディのアカデミーに所属していた橋本陸斗選手は、中学校3年生だった15歳の時にトップチームへ登録され、Jリーグデビューを果たしました。

〈Jリーガーになるための仕組み〉

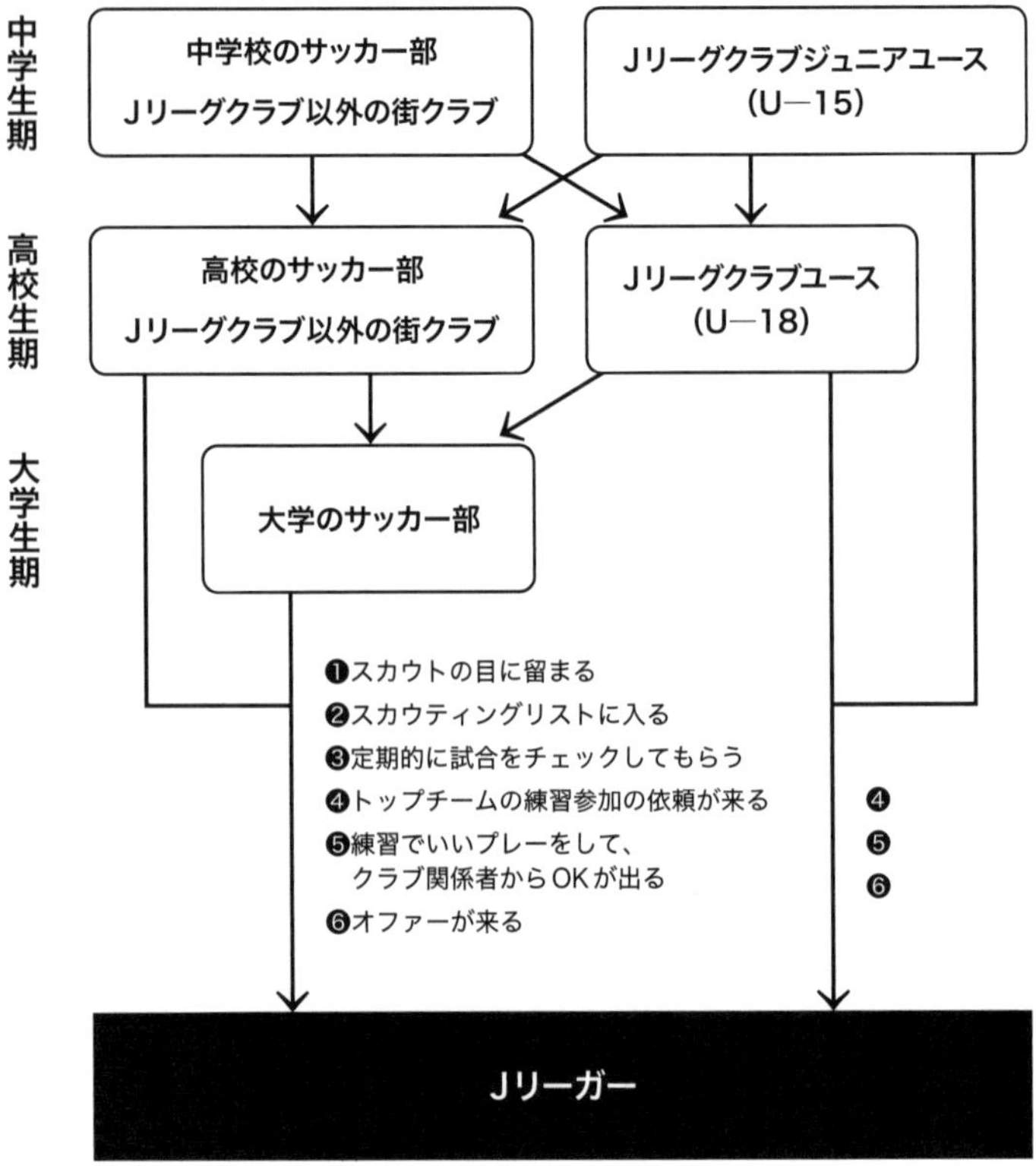

※稀に例外もあるが、ほとんどのケースはこの流れ

辿る

柴村直弥の場合Ⅰ（プロになるまでの流れ）

高校、大学卒業後もJからのオファーはなし

実際のケースとして、私の場合はどのような流れだったのかを一つの例として記載します。世代別日本代表経験があるわけでもなく、大学選抜に選ばれていたわけでもなかった私の場合、プロへの道は簡単なものではありませんでした。

高校時代の全国大会出場経験としては広島皆実高校2年生時に全国大会（インターハイ）で優勝し、同年の国民体育大会（当時、少年男子サッカーは高校3年生までが出場可能。現在は高校1年生まで）に広島県選抜として出場して3位、そして3年生時は国民体育大会5位、冬の高校選手権に出場（2回戦敗退）しました。

高校2年時には日本一、国体でも3位になり、当時のチームメイトたちがプロへと道を進めた中（広島皆実高校の1つ上の先輩・秦賢二さんが名古屋グランパスエイト、国体で

チームメイトだった年齢が1つ上の森﨑兄弟（和幸さん、浩司さん）、駒野友一さんがサンフレッチェ広島にトップ昇格）、高校を卒業する際、私にはJリーグクラブからのオファーはありませんでした。これは自分の力不足に尽きるわけで、やはりプロへの道は険しいと感じました。

あとに聞いた話では横浜F・マリノスが興味を持ってくれていたと耳にしましたが、当時、正式なオファーがあったわけではありません。ただ、私自身、高卒でプロの道へチャレンジするよりも大学で様々な面を鍛えてからプロへチャレンジしたいという気持ちもあり、高校3年生の4月頃の監督との進路面談では「大学に行きたい」と言ったことを覚えています。

とはいえ、2年生時に全国大会に出場したことで、様々な人の目に触れることにはなりました。関西学生1部リーグに所属していたとある大学の監督が、高校3年時の5月頃に広島皆実高校まで来て「特別な推薦枠で来てくれないか」とオファーをしてくれました。その監督は「2年生時の国体でプレーを観た」と言っていました。

大変光栄なことではありましたが、自分なりに行きたい大学を調べていたところで、当時は関東大学1部リーグが全国で最もレベルの高いリーグだと考えていたため、関東大学

1部リーグに所属していた8つの大学の中から選ぶつもりでした。

もちろん、その関西の大学も調べて実際にプレーしていた先輩に話を聞かせてもらったりもしましたが、やはり自分の当初の考え通り関東大学1部リーグに所属する大学の一つだった中央大学に進学することを決めました。

幸いにも高校2年生時に全国大会優勝、国体3位の実績があったため、スポーツ推薦の条件は満たしており、監督から大学関係者へ伝えてもらいました。中央大学OBで中央大学サッカー部の中国地方のスポーツ推薦枠を任される立場だったメキシコ五輪銅メダリストの小城得達さんが試合をチェックしに来てくれて、秋のスポーツ推薦枠で受験できることが決まりました。

広島皆実高校から中央大学サッカー部へ進むのは私が初めてだと聞き、自分が活躍して後輩たちに道を繋げられるようにと身を引き締めたことを記憶しています。

中央大学では2年生時に関東大学2部リーグ（1年生時に2部に降格）のベストイレブンに選ばれ、3年生時も主力としてプレーしましたが、Jリーグクラブ側からのコンタクトやアクションはありませんでした。

2年目のシンガポールはあえて半年で帰国

オファーがない中、中央大学4年生の時に高校、大学の監督、コーチからそれぞれ推薦してもらい、サンフレッチェ広島とモンテディオ山形の練習に参加しました。しかし、チームの評価を得ることはできず、契約オファーをもらうまでには至りませんでした。さらにその後、清水エスパルスのスカウトが定期的に試合をチェックしていたことを当時の監督から聞いていたものの、練習参加には至らず結局、大学卒業後にJリーグクラブへ入団することはできませんでした。

そして、私がプレーしていた中央大学が所属する関東大学1部リーグの試合を観に来ていたアルビレックス新潟のスカウト、鈴木健仁さん（現・ジェフユナイテッド千葉GM）に誘われ、大学4年生時の10月にアルビレックス新潟シンガポールの練習（場所は新潟）に参加しました。1週間の練習参加のあとに正式なオファーをもらい、新卒1年目はJリーグクラブではなくシンガポールリーグに参戦しているアルビレックス新潟シンガポールでプレーすることになりました。

シンガポールリーグで自分をより高めて再度Jリーグクラブへ挑戦するという目標を立

て、プロ1年目のシーズンをシンガポールで戦いました。開幕から先発でリーグ戦20試合に出場し、シーズンを終えて12月に日本に帰国しました。

そこからJリーグクラブへの練習参加ができればと思いアプローチしましたが、時期が遅く（Jリーグが閉幕していて天皇杯で勝ち上がっているクラブ以外はオフに入っているクラブが多かった）、一つも練習参加は叶いませんでした。

アルビレックス新潟シンガポールからはもう1年の契約延長オファーをもらっていました。ただ、1年プレーするとまた時期的にJリーグクラブへの練習参加が難しいのではないかと考え、今思えばかなり厚かましい話ではありますが「半年契約にできませんか？」と私をスカウトしてくれた鈴木健仁さんに相談しました。すると「わかった。半年契約はできないので、1年契約を結び半年で契約を解除する形にしよう」と私の図々しい要求を飲んでくれました。

そして、半年が経過した6月30日付けで契約を解除する形で日本へ帰国しました。

自らの足りない部分を逆質問

帰国してからすぐにJリーグクラブへ練習参加ができるように帰国する前から様々な関係者に連絡し、練習参加へのアプローチを行っていました。中学生の時に所属していたフジタSSジュニアユースの恩師であった沖野等さん（故人）がアビスパ福岡のトップチームのコーチをしていたので、沖野さんに連絡をしてアビスパ福岡への練習参加が決まりました。

さらにありがたいことに鈴木健仁さんも動いてくれ、サガン鳥栖と徳島ヴォルティスへの練習参加も取り付けてくれました。

この3つのクラブへだいたい3日間ずつ練習参加をさせてもらったのですが、結果はどれも不合格でした。

正直、自分でもあまりいいプレーができなかったと感じており、手応えはなく予想通りの結果でした。電話で不合格を伝えられた際に「差し支えなければ今後のためにどのあたりが自分に足りなかったのか教えてもらえますか？」と質問しました。

その際、アビスパ福岡の強化部に「ヘディングの競り合いを躊躇しているように見える」とフィードバックをもらいました。それは自分でも感じていた部分でした。

帰国する2カ月前の4月にシンガポールでの練習中にヘディングの競り合いの際、相手が自分の見えていないところから飛び込んできて相手の後頭部と私の顔面がぶつかり、顔面の4箇所を骨折し手術をしていました。6月には練習に部分的に復帰していたものの、通常の対人練習への復帰はまだしていない状況でした。

自分でもヘディングの競り合いへの恐怖感が残っていたのを感じていましたが、すでに練習参加の日程も決まっていてこちらからお願いしている立場で変更するとチャンスを逃すと思い、そのまま練習参加へ挑んでいました。

しかし、ヘディングの競り合いは自分のストロングポイントの一つでもあったので、やはりそんな甘いものではなく3クラブとも不合格という現実に直面しました。

愛媛、甲府も契約に至らず

電話で不合格を告げられた時はやはりショックではありましたが、落ち込んでいる暇はなく次のクラブへアプローチしなければならないので、また自分でツテを探しました。

そして、愛媛FCでプレーしていたフジタSSジュニアユースのチームメイトである猿田浩得に連絡をしてクラブに話してもらい、8月の3日間、愛媛FCの練習に参加させてもらいました。ヴィッセル神戸との練習試合にも出場し、「もう少し観たい」と当時の監督から言ってはもらったものの、その後発展することはありませんでした。

　次に、10月に当時Ｊ1で戦っていたヴァンフォーレ甲府の練習試合に1日だけ参加させてもらったあと、大木武監督からその場で「良かったよ。うちに練習参加しないか？　今日は夜にリーグ戦があるから改めてまたこちらから連絡する」と言われ、2日後に大木監督から直接電話をもらい「いつから来れる？」と聞かれ、翌日に実家のある広島から甲府へ行きました。

　ヴァンフォーレ甲府の寮に泊まり、同じ寮に泊まっていた同い歳の秋本倫孝、保坂一成、大西容平、一つ歳下で高校時代から親交のあった田森大己などが練習の行き帰りの車に同乗させてくれました。

　ヴァンフォーレ甲府の関係者は練習生である私に対しても非常に温かく、山本英臣さんや石原克哉さん、長谷川太郎さんなどは頻繁に声をかけてくれました。杉山新さんには食事に連れて行ってもらい、松下太輔さんは練習後に温泉に連れて行ってくれたりもしました。クラブのスタッフも親切で、主務の鶴田さんや広報の井尻さんなども優しく接してくれたのを覚えています。

ただ、２週間ほど練習参加させてもらったにもかかわらず、最終的に契約には至りませんでした。

初日、そして毎日インパクトを与える

６月に帰国して半年間で５つのＪリーグクラブに練習参加をし、どれも契約に至らない中で12月になりました。次のアクションを起こさないといけない中、アビスパ福岡がＪ１からＪ２へ降格することになり、現場とフロントスタッフが一新することになりました。

そこで、私が高校２年生時にU―17ナショナルトレセンに参加した際、中国地方を担当していた小林伸二さんがチーム統括グループ長に就任したのをリリースで知り、小林伸二さんと親交のあった広島皆実高校時代の恩師である加藤俊夫監督に電話をし、小林伸二さんを繋いでもらいました。

アビスパ福岡はちょうど左サイドバックを探していて、すぐに練習参加できることになりました。

12月半ばに小林伸二さんと電話で話し、最初は12月18日くらいから３日間という話でし

たが、天皇杯で敗退したことで「この期間だとあまり強度の高い練習をしない予定なのであまり見られない」とのことで、1月15日からの年明けの練習から参加してほしいと言われました。

1月15日からの練習参加に向けて準備をし、前日の1月14日にアビスパ福岡の寮に入り、翌日から練習に参加しました。

西ドイツ代表の選手としてワールドカップで優勝経験もあるピエール・リトバルスキー新監督のもと、初日から連日、午前と午後の2部練習がスタートしました。

これまでに7つのJリーグクラブに練習参加した経験から、初日にインパクトを与えることがいかに大事かは感じていました。

この時は初日の午後練習の最後に4対4のゲームがありました。私のポジションはディフェンダーの左サイドバックではありましたが、「ここでインパクトを与えるにはゴールを決めることだ！」と思い、積極的にゴールを狙ってこの日は4得点を挙げました。

そして、翌日、翌々日と「毎日インパクトを与える」ことを意識して日々トレーニングに励みました。

それが良かったのか当初1週間だった練習参加は延長されました。そして、10日間が過ぎる頃、練習後に私から小林伸二さんに「話したいことがあります」と言いました。

3週目からチームは宮崎で3週間のキャンプに行く予定で、4日後にはキャンプに出発する中、キャンプにも帯同できるのかそれともこの2週間で終わりなのか、現在の状況を確認するためでした。

クラブハウスの一室に小林伸二さんと2人で入り、小林伸二さんから「キャンプのことだよな？　今、監督もあなたのことを評価している。キャンプの練習試合でどのくらいできるか見たいと言っているので、キャンプにも帯同してもらえるか？」と伝えられ、「はい」と答えました。

あと一歩という段階のワクワク感

3週目からチームと一緒に宮崎キャンプに出発しました。

1月15日のチーム始動日からキャンプも含め、練習生は私1人という状況でした。

宮崎キャンプで最初にヴァンフォーレ甲府と練習試合を行い、私は90分出場しました。

しかし、自分の感覚ではいいプレーはできませんでした。

そして、その翌日、ホテルで夕食を摂ったあとにリトバルスキー監督に呼ばれこう伝えられました。

「そろそろあなたの契約を決めなければならない。あなたの状況は他の選手とは違う。でも昨日の試合のようなプレーだと契約は難しい」

やはり監督の評価もよくなかったようでした。そして、続けて、

「明日の試合も先発で試合に出すから、明日の試合であなたのプレーを見せてほしい」

と言われました。

翌日はセレッソ大阪との試合が組まれていました。

明日のプレー次第で契約を勝ち取れるかどうかが決まるのかと考えると、プレッシャーを感じてなかなか寝付けませんでした。その一方でここまでの長い道のりからあと一歩の段階まで進んできたというワクワクした気持ちもありました。

そして試合当日、予定通り先発メンバーに名を連ね試合が始まりました。

私の最初のプレー。ディフェンスラインでボールを受けると相手フォワードがボールを奪いに来たところを前にボールを運んでかわし、そのままドリブルで前に運び、左サイドの宮崎光平さんへパスをしたところから得点が生まれました。

先制点の起点になると、ベンチを見ると監督も親指を立てて「グッド」と合図を送ってくれました。これで気持ちが乗ったこともあり安定したプレーで90分フル出場し、試合も2対1でセレッソ大阪に勝利しました。

試合後に監督と話はしていませんが、この試合がポイントだったと思います。

その後の練習や東京ヴェルディ、川崎フロンターレなどとの練習試合ではレギュラー組で出場し、3週間の宮崎キャンプが終了する日、リトバルスキー監督から笑顔でこう伝えられました。

「あなたは左足も右足もどちらの足でも安定していいボールを蹴ることができる。こういう選手は珍しい。キャンプでの試合のプレーも良かったし、私はあなたと一緒に仕事がしたい。それを小林さんに伝えた。あとは小林さんと話してほしい」

その後、小林伸二さんに呼ばれ「監督から聞いたと思うが契約をしたい。あなたの力で掴んだ今日この日を忘れないでほしい」と言われました。

２００６年6月末にシンガポールから帰国してこの日（２００７年2月末）まで約8カ月の間にお世話になった練習参加を繋いでくれた方や合間の期間に地元の広島で練習をさせてもらった様々なチームの方、身体のケアで通わせてもらったトレーナーの方など、1

００人以上の方に電話やメールで直接お礼と報告の連絡をしました。ここからがまた次へのスタートだとより一層身が引き締まる思いになったことを覚えています。

知る スカウトの目に留まる方法

プレーハイライト映像を作る

プロサッカー選手になりたい！　という場合はまずどのような行動を起こせばいいのでしょうか。

もちろん、サッカーのスキルを高めていくことは大前提で、その他にできることとしては主に、

1　全国大会など主要な大会へ出場する
2　プレーハイライト映像を作成する

があります。

1はチームでの成績になるため、必ずできるとは限りません。大きな大会へ出場できそうなチームへ入り、そこでレギュラーになる、あるいは自分が入ったチームをそのような大会に出場させるという方法になります。

2はやろうと思えばほぼ確実にできます。

近年では簡易的な動画編集ソフトやアプリなどもあり、携帯電話でもかなりいい画質で映像を撮ることが可能です。

2があることで多くの目に触れる機会が増えます。もしかしたら、Ｊリーグクラブのスカウトまで映像が届くかもしれません。

私は２０１１年に欧州へ挑戦する際に映像を作成しました。欧州のクラブのＧＭやスカウトは自分のことを知るはずがないと思ったので、知ってもらうために映像が必要だと考えたからです。結果的にそれが功を奏して練習参加に繋がり、オファーをもらい契約することができました。

昨今ではより簡易的に映像が作成できるため、まずは作成しておいてそれをベースにして毎年シーンを追加したり編集したりして、アップデートしていってもいいでしょう。

よく「いいプレーをしていれば、いつか目に留まる」と言われることがあります。これは確かにそのとおりではありますが、目に留まる確率をより上げるためには関係者に観てもらう機会を増やしたほうがいいのは明らかです。

行動力が練習参加の扉を開ける

さらに、Ｊリーグのクラブと言えどもＪ２やＪ３などの予算が少ないクラブは、専任のスカウトがいないクラブもあります。強化担当者が試合を視察に行く回数も限られてくるため、情報がベースになります。その場合、最初の取っ掛かりとして映像がメールなどで送られてきたほうが効率はいいので、映像はより大事になっていきます。そのようなクラブでは映像や情報を精査した上で、ピンポイントで視察に行くという流れになるためです。

そして、映像を作っておいて自分でＪリーグクラブなどに送って売り込んでいくという方法もあります。

日本代表として１１０試合に出場し、ワールドカップにも2度出場した中澤佑二さんがプロになる前、Ｊリーグの各クラブへ自分で手紙を送って売り込んだのは有名な話です。その手紙からオファーに繋がったわけではありませんが、Ｊリーグクラブへのツテを持たない選手が各クラブへ売り込みのメールを送り、返信が来て練習参加に繋がったケースもわずかながらあるので、そのような方法も確率は高くはないとはいえ、可能性はゼロではありません。

私が２０１６年にヴァンフォーレ甲府に在籍していた時、１月のチーム指導日から練習参加に来てその後の静岡キャンプにも帯同していた野村良平（ドイツ５部などでプレー）という選手がいました。Ｊリーグクラブの公式ホームページの問い合わせフォームから自身のプロフィルと練習参加希望の旨を様々なクラブにメールを送り、ヴァンフォーレ甲府から返信が来て練習参加することになったと言っていました。残念ながら契約には至りませんでしたが、野村選手のこのような行動力が練習参加の扉を開けた一つの事例と言えるでしょう。

最後にまとめると、プロになるためにやっておくといいこととしては主に、

1　サッカーに関わるスキル（技術、戦術、フィジカル、マインドなど総合的に）を高めていく

2　自分のプレーハイライト映像を作成しておく

ことが挙げられます。

2は自分のプレーを客観的に考察することにも繋がり、1にも繋がっていきます。

知る

プロサッカー選手になるまでの支出

練習参加の費用はいくらくらいかかる?

日本国内でプロサッカー選手になるためにアプローチしていく場合、どのような支出があるのでしょうか。

特に親御さんは気になる部分でしょう。学生のうちにアルバイトをしていくら貯めればいいかなど、何となくの指針になればと思います。

高校や大学などの学費、学校の部活などでかかる費用はここでは割愛し、練習参加に行く際などの費用について記載します。

【Jリーグクラブへ練習参加する場合の費用】

この場合、大きく2つのケースがあります。

1　Jリーグクラブ側から練習参加を打診された場合

2　選手側（高校や大学など所属クラブの監督などの推薦等）から売り込んだ場合

まず1の場合は、Jリーグクラブ側が費用（渡航費、滞在費、寮やクラブハウスなどクラブで用意できる食事）を負担してくれるケースがほとんどです。

なぜなら、Jリーグクラブ側がほしい選手だからです。いくつかのクラブからオファーが来ていて競合している場合などはこのケースがほとんどでしょう。

逆に2の場合は、売り込んでいる立場なので当然なのですが、基本的にはすべて選手側が負担することになります。

クラブ施設の関係などによっては「寮の部屋が空いてるから部屋代は払わなくていい」「食費は1食500円でいい」など、クラブ側が一部を配慮してくれる場合もありますが、基本的には実費で支払うつもりで準備しておいたほうがいいでしょう。また、以下のケースもあります。

3　高校や大学卒業後に、Jリーグクラブへ練習参加した場合

（例1　大学を3月に卒業し、6月にJリーグクラブへ練習参加）

（例2　社会人クラブや海外クラブなどどこかのクラブ（Jリーグクラブを含む）でプレーしたあとに練習参加）

この3の場合、そのままそのクラブと契約する場合は、寮費やクラブが用意した食事など、クラブ側へ後払いの費用については支払わなくていい場合がほとんどです。

例えば私の場合、アビスパ福岡に練習参加する際、練習参加前は「滞在中の寮費と寮の食費はあとから支払ってください」と言われており、宮崎キャンプも「実費で精算」と当初は言われていましたが、契約することになってそれらは支払わずに済みました。

海外でも同様のケースで、契約するとなれば寮費や食費などクラブ側に支払う予定であった経費はクラブ側で負担してくれることがほとんどです（そうではない場合ももちろんあります）。

売り込む場合は滞在費もかかる

国内クラブにアプローチする場合、かかる費用は主にこの練習参加の際にかかる費用となります。自分側からのアプローチで行くクラブの数が多ければ多いほど費用は増えることになります。参考までに私が練習参加したケースを記載すると下記のようになります。

〈大学時代〉

サンフレッチェ広島

実家から練習に通ったため滞在費はなし

毎日練習に行く車のガソリン代（6日間）などの交通費および東京～広島間の往復交通費

モンテディオ山形

東京～山形間の往復交通費

期間中に滞在したホテル代（2泊）

アルビレックス新潟シンガポール
新潟の練習に参加だったため、東京〜新潟間の往復交通費
期間中に滞在したホテル代（1週間程度）

〈シンガポールから帰国時〉
実家に滞在していたため広島から様々なクラブへ移動

徳島ヴォルティス
広島〜徳島間の往復交通費
期間中に滞在したホテル代（3泊程度）

アビスパ福岡（初回および2回目）
広島〜福岡間の往復交通費
寮に滞在（3食付き）

サガン鳥栖

広島～鳥栖間の往復交通費
期間中に滞在したホテル代（1泊）

愛媛FC

広島～愛媛間の往復交通費
※宿泊費は旧友・猿田浩得選手の部屋に泊めてもらったためなし

ヴァンフォーレ甲府

広島～甲府間の往復交通費
寮に滞在

クラブが保有している寮があり空き部屋がある場合は、宿泊費は払わなくていいことがほとんどです。ただ、複数の練習生が来ている場合など状況によっては寮があっても自分でホテルを手配しないといけない場合もあるので、基本的には自ら売り込む場合は滞在費もかかると考えて準備しておくほうがいいと思います。

Jリーグを経由せずに直接海外へアプローチする場合は、渡航費や滞在費などに加えてエージェントに支払うコーディネートフィーもかかる場合があります。

世代別代表での実績やエージェントがぜひやりたいと思うような選手であれば、フィーはかからずに動いてくれる場合もありますが、稀なケースなのでかかると考えて準備しておいたほうがいいでしょう。

第2章 プロ最中

Yasuyuki Nagatsuka

知る 契約形態の仕組み

日本には3つの契約形態がある

日本における契約書は「日本プロサッカー選手統一契約書」というものがあり、プロ契約をする際には基本的にはこれを締結します。

基本的にはA、B、Cの3つの契約形態があり、それぞれに違いがあります。JFAのホームページから確認することができますが、ここでは要点を絞って記載します。

※JFAプロサッカー選手の契約、登録および移籍に関する規則（2021年3月11日改正）から一部引用

〈A契約締結可能条件（次のいずれかを満たした場合に締結可能）〉

1　試合出場

J1：450分　J2：900分　J3・JFL：1350分

2　プロC契約3年経過

対象となる試合

Ｊ１：リーグ戦・リーグカップ戦・スーパーカップ戦・天皇杯
Ｊ２：リーグ戦・リーグカップ戦・スーパーカップ戦・天皇杯
Ｊ３・ＪＦＬ：リーグ戦・スーパーカップ戦・天皇杯

※1　天皇杯の出場実績はＪ１、Ｊ２またはＪ３、ＪＦＬに所属するクラブの第1種チームのメンバーとして出場した場合に限りカウントする　※2　ＪＦＬに加盟している大学チームに所属する選手の出場実績は上記いずれの大会においてもカウントしない　※3　特別指定選手が上記のリーグ別対象試合にＪクラブの選手として出場した場合、プロＡ契約およびプロＢ契約締結条件の出場実績としてカウントする

Ｊ１の対象試合と同様にカウントする試合および大会

日本代表Ａマッチ（ＦＩＦＡが認定する代表チーム同士の試合）、オリンピックサッカー競技およびオリンピックサッカー競技アジア地区2次予選、最終予選、アジア競技大会、ＦＩＦＡ Ｕ―20ワールドカップ本大会、ＡＦＣチャンピオンズリーグ、これ以外にＦＩＦＡまたはＡＦＣが主催するチャンピオンクラブを出場対象とした大会、その他本協会が

認めた試合

年俸

460万円以上（初めてA契約を締結する際は年俸670万円以下）

〈B契約締結可能条件〉

A契約と同様

年俸

460万円以下

〈C契約締結可能条件〉

A、B契約の締結可能条件を満たしていない選手が結ぶ契約

年俸

４６０万円以下（変動報酬＝勝利給や出場給などについての細かい規約もあるが、規約によって変動報酬が大きく変化することはあまりないため省略）

A、B、Cはあくまで日本のローカルルール

基本的には高校や大学などを卒業して新卒で契約する場合は、最後のC契約を締結することになります。そこで出場時間数を満たせればA契約もしくはB契約をその時点から結び直すことになります。Aになるか Bになるかは、クラブおよびクラブの状況によって異なります。

Ｊ１の多くのクラブ、Ｊ２の資金力のあるクラブでは基本的にはA契約になり、年俸も少し上がるケースがほとんどです。

例えば、C契約で年俸３６０万円で契約していた選手がシーズン中に出場時間数を満たし、A契約になる場合、A契約の年俸は４６０万円以上となるため、その時点から４６０万円以上の年俸となり、給与がアップしたことになります。また、最初からC契約の条件である４６０万円で契約していた選手が出場時間数を満たした場合は、変わらずに４６０

万円に設定することもクラブは可能ですが、最初から460万円の上限で契約する資金力のあるクラブ、ないしはそれ相応の期待をしている選手ということでもあるので、多くの場合は年俸が多少アップします。

J2のいくつかのクラブやJ3のクラブなどでは、年俸もC契約の時と変わらずにそのままでB契約になることもあります。

例：C契約年俸360万円→B契約年俸360万円（B契約の年俸制限はC契約と同じ460万円以下のため）

また、勝利給の金額をこれらの契約形態によって変えるクラブもあります。

例：A契約10万円、B契約8万円、C契約6万円など

「プロサッカー選手統一契約書」は他国でも多く見られますが、これらのA、B、C契約はあくまでも日本サッカー協会独自のローカルルールであって、他国ではまた別のその

国に適したローカルルールがある場合もあるので、他国でプレーする場合は日本のルールとは異なるという点も理解しておく必要があります。

知る　初めてのプロ契約時の収入

プロサッカー選手の収入は主に5種類

プロ契約を勝ち取った先にもらえるお金はどんな種類のお金でいくらくらいあるのでしょうか。

もちろん、クラブや契約によって変化しますが、ここでは業界内での一般的な数字を紹介しましょう。

Jリーグクラブとプロ契約した場合にもらえるお金は下記のとおりです。

〈支度金（俗にいう契約金のような類）〉

上限380万円（独身者）。文字通り、引っ越し資金や電化製品などの家具購入、移動の交通費など、新生活を始めるための支度をすることに当てるお金で最初に支払われます。

毎日の移動で基本的には車を使うため、大卒などの場合は車を購入する選手もいます（高卒の場合は最初の1～2年は車を購入してはいけないなどのクラブ内規約があるクラブもあります）。

〈年俸〉

基本的にC契約（詳細は「契約形態の仕組み」の項）。上限480万円。12カ月で割った金額が毎月支払われます。クラブのスポンサーであるクラブ指定の銀行で新規口座を作るパターンが多いと思います。

〈勝利給〉

試合を勝つごとにもらえるお金です。出場時間によって配分が変わります。

例えば、公式戦（主にリーグ戦）1試合当たり、46分以上出場が100%、45分以下の出場が50%、ベンチ入りで出場なしが25%、ベンチ外が0%。また、J1は20～100万円程度、J2は3～20万円程度（J1から降格した次のシーズンに1年で昇格したいためJ2でも30万円に設定していたクラブもありました）という感じです。もちろん、これは相場感がわかるようにあくまでもだいたいの概算で前後する場合もあります。

ちなみに海外はそれぞれの国やクラブによりかなり振り幅があります。私がプレーしていた当時、ウズベキスタン1部リーグのクラブでは1試合当たり概ね20〜40万円でした。ラトビアのFKヴェンツピルスが2009—10シーズンのUEFAヨーロッパリーグに出場した際のグループリーグでの勝利給は1試合当たり2万ユーロ（当時のレートで換算すると約250万円）だったと当時のチームメイトが言っていました。

また、金額に開きがあるのはクラブによって差があるということです。金額はチーム内で全選手一律のクラブが多いですが、稀に選手個々によって異なる額を設定している場合もあります。そして、クラブによってはリーグ終盤に残留、もしくは優勝や昇格が懸かる場合、勝利給が2倍や3倍になったりすることもあります。

より細かく設定しているクラブもありますが、基本的には試合ごとの登録メンバー18人に入っていないともらえません。

〈オプション給〉

フォワードならば「ゴール給」、ミッドフィールダーなら「アシスト給」、ディフェンダーやゴールキーパーなら「無失点給」などが付帯される場合もありますが、新人の場合は付帯されていないことが多いと思います。また、昇格を目標にしているクラブでは「昇格ボーナス給」や「順位給」などがある場合もあります。
私もプロになったあと、日本国内で移籍した際のクラブで、ディフェンダーだったため「無失点給」がオプションとして付帯されていたことがありました。

〈イベント出演料〉

出演料がクラブに入ってくるイベントに出演した場合、出演料の一部をもらえる場合もあります。

知る プロ契約したあとの収入

メーカーから収入を得られる可能性もある

金額は初めてのプロ契約時よりも大きく振り幅がありますがプロ契約時と同じように、

〈支度金（移籍する場合に移籍先クラブから）〉

独身者・上限380万円、同居が配偶者のみの妻帯者・上限400万円、同居扶養家族あり（子どもなどがいる場合）の妻帯者・上限500万円

〈年俸〉

〈勝利給〉

〈オプション給（新人の時よりも付帯されるケースが比較的増える）〉

〈イベント出演料〉

が主な収入となります。

また、スパイクやウェアなどのメーカーと契約することで、メーカーから収入を得られる場合もあります。

日本代表に選ばれた場合や世代別の日本代表に選ばれている場合、あるいは有望な若手選手で対価を支払う価値があるとメーカー側が判断した場合などに、年間いくらという形で金銭を伴う契約ができる場合もあります。

このように金銭を伴う契約ができる場合もありますが、メーカーと金銭の伴わない物品提供契約（年間いくら分の物品提供、年間何足のスパイク提供など）を結ぶケースもあります。

これはスポーツメーカー以外の各種メーカーなどのアンバサダー契約も同様です。

クラブによっては新人などメーカーと契約していない選手はクラブのユニフォームサプライヤーであるメーカーのスパイクを年間何足か提供するクラブもあります。

ちなみに私の場合は1年目の夏にオフで日本に帰国した際、知人からデサントの担当者を紹介してもらい、アンブロのスパイクを何足か試し履きさせてもらいました。自分の足に合っていると感じたので、デサントと物品提供の形でプロサッカー選手としてプレーしていた12年間お世話になり、アンブロのスパイクを履いていました。

私の場合は12年間の途中、他のメーカーから契約の打診をもらったこともありましたが、1年目からデサントにお世話になっていた点と自分の足に合っているスパイクがある点から、メーカーを変えずにアンブロのスパイクを履き続けました。

私は日本代表に入ったことがあるわけでもありません。Jリーグで大きな活躍をして脚光を浴びたわけでもなかったので、スポーツメーカーから金銭を伴う契約のオファーをもらったことはありませんが、活躍した場合にのちにそのような話が来るケースもあります。

その場合、条件がより良いメーカーを選ぶ選手、自分の足に合う感覚を一番に考えてメーカーを選ぶ選手、金銭面ではなくオリジナルのスパイクを作成してくれる（特殊な要望に応えてくれる）などの点を重視する選手、そのスパイクを履いていて大きなケガをしてしまってメーカーを変えたい選手など、メーカーを選択する理由は選手によって様々です。

最後によく海外の選手などで金額が大きく報道される移籍金については、クラブ間で支払われるお金なので残念ながら選手には1円も入りません。

売る 欧州クラブへの売り込み方

自分の客観的な価値と立ち位置を理解する

欧州のクラブへ自分を売り込む際に必要なこととはどのようなことでしょうか。選手の年齢やポジション、キャリアなどによって異なる部分も出てくるでしょうが、私のケースをご紹介します。

２０１０年冬、欧州へ挑戦しようと考えていた私は、端的に言うと以下のように考えていました。

「欧州のクラブ側から考えると、日本代表でもなくJリーグでも大した実績もない自分をほしいと思うクラブはおそらくないだろう。ポジションもディフェンダーのため、攻撃の選手よりさらに需要がない。何とか練習参加まで漕ぎ着けて直接観てもらう機会を作らないといけない。そうでないとスタートラインにも立てない。欧州に行くためには映像を作り、映像を何とかして観てもらい、それを観てもらっていいと思ってもらった上で練習参加させてくれるクラブがあるかどうか。もしかしたら一つもないかもしれない」

いわば自分という商品を欧州のクラブへ営業するわけです。となると、その市場での需要や自分の客観的な価値、立ち位置を理解する必要があります。

大きく分けて整理すると、下記のようになります。

1　先方の需要

2　先方の市場での自分の価値

3　その先のプラン

1は先方の需要とマッチするかが大切なので、先方の需要を考えました。この場合の先方とは欧州のクラブになります。では、欧州のクラブがほしい選手はどのような選手でしょうか。

当然、まずは即戦力になる選手です。あるいはその先に売れるかもしれないポテンシャルのある若手選手でしょう。当時28歳だった私は後者にはなり得ないので、前者だと思ってもらわないといけません。

しかし、欧州のクラブ側の契約を決める人の立場を想像した場合、即戦力になる選手と見込むのは、実績があってなおかつ現時点でのパフォーマンスが良い選手となります。特に移籍期間は毎日のように世界各国から無数の売り込みがある欧州のクラブの強化担当にとって、実績の乏しい選手は映像すら観たいと思わないでしょう。

具体的な3つの行動

私の場合、明らかに実績のない選手でした。2011年当時はまだ今ほど日本人選手が欧州で活躍しておらず、プレーしている日本人選手も数えるほどでした。欧州のクラブ側もJリーグのことはよく知らず、価値は自分たちより低いと考えることが多かった中で、代表歴のない私が練習参加まで漕ぎ着けるのは容易ではありません。そして、ポジションも当時日本人で欧州で活躍している選手は、香川真司選手や本田圭佑選手、かつては中田英寿さんや稲本潤一選手など、中盤よりも前の選手が多く、ディフェンダー（主にセンターバック）のポジションで過去に活躍した事例は中田浩二さんくらいでした（現在は吉田麻也選手や冨安健洋選手、板倉滉選手など何人もいます）。事例が少なく、中田浩二さんのように代表でもなくＪリーグの実績も乏しい柴村直弥という案件の信憑性は格段に低かったのです。

欧州のクラブ側から考えると外国人枠の制限がある中、信憑性の低い日本人選手を獲得するよりも、これまで無数に事例のあるブラジル人選手やポテンシャルのあるアフリカ人選手などを獲得したほうがいいと思うでしょう。

ここまで考えると明らかに需要とマッチしないわけです。

2は先方、つまり、Ｊリーグがまだそれほど欧州で認められていない当時、世代別を含めて代表歴のない私のプロサッカー選手としての欧州での市場価値はほぼないと考えていました。

3はまず何とかして欧州のクラブと契約することができたら、そのクラブで活躍して欧州の市場価値を作り、ステップアップしていくことを考えていました。そのため、どこの国のどこのクラブでもいいので、まずは欧州の市場に入る必要があると考えました。

そして、これらを考えると私が取る具体的な行動は主に、

1　プレーハイライト映像を作る
2　欧州のクラブに観てもらうルートを見つける
3　いつでも発てる準備をしておく

だと考えました。

これがJリーグのほうが市場価値が高く、日本のほうがサッカーのレベルが高いと思っているアジアのクラブに行こうとするのであれば、まず現地に行って飛び込みで練習参加をする方法（国やリーグによりますが）もあると思います。まだクラブとしての組織がそれほど構築されておらず、プロフィルや映像を送り、GMなど強化担当の許可が出てからと順序立てて行くよりも、まず現地に行って直接交渉したほうが早い場合もあります。

しかし、欧州の場合はサッカー文化が根付いていてクラブの組織が構築されているところが多い上、基本的には日本よりも上だと考えていると思ったため、練習参加するには映像やプロフィルなどを送り、GMなど強化担当の許可が出てからでないと基本的には難しいだろうと考えたので、前記の行動プランを立てました。

1についてはこのあとの「売り込み用プレー映像の作り方」の項に詳しく記載しますが、

映像も映像編集の知識も経験もゼロだった中、欧州のクラブ側に観てもらうにはどのような映像にしたらよいかと構成を考え、試行錯誤して作成しました。

2について考えたのは欧州のクラブへネットワークを持つエージェント（代理人）に辿り着き、自分の映像を欧州のクラブへ送ってもらうことを考えました。

なぜなら、見ず知らずの日本人選手である私が自分の映像を欧州のクラブへ送ったとしてもおそらく観られることはないでしょうから、欧州のクラブと取引をしていたりしてネットワークがあるエージェントを通すことが映像を観てもらう確率を高めると考えたからです。

エージェントに認めてもらう方法

では欧州のクラブと取引をしているエージェントにはどうやったら辿り着けるのでしょうか。欧州でプレーしている選手からその選手のエージェントを紹介してもらうことを考えました。元浦和レッズの赤星貴文選手が、私が欧州へ発つ半年前、２０１０年夏から欧州のクラブでプレーしていました。私が徳島ヴォルティスでプレーしていた２００８年に当時、水戸ホーリーホックでプレーしていた赤星選手とJ２で対戦した時、試合後にスタジアムの下で話しをするなど親交があったため、２０１０年冬、オフシーズンで帰国していた赤星選手に会い、赤星選手が契約している欧州のエージェントを紹介してもらいました。

ここで今度は欧州のエージェントの立場になって考えました。

欧州のエージェントからすると、おそらく自分という案件はやりたくないでしょう。なぜなら、売り込むのに労力がかかる上、仮に契約が成功しても給与は安いでしょうからそのパーセンテージを受け取ったとしても微々たるもの。むしろ経費のほうがかかって赤字になるかもしれないと想像できるため、「労力がかかって成功する可能性が低い上に成功してもフィーが安い」という案件になります。しかも、28歳でその先に市場価値が上がってフィーが増える可能性も低いとなると、それこそやりたくはないでしょう。欧州のエージェントからすると、その先にハネる確率の高いアフリカ人の若い選手をやったほうがいいわけです。実際、そのエージェントは若手のアフリカ人選手とも多数契約していて、移籍期間中（夏と冬）の特に忙しい時期で、ビジネスのことも考えると私の案件はまずやらない案件となります。

動いてもらうには、まず自分の映像をエージェントに観てもらい、「この選手は契約が成功して、かつ次のステップアップの可能性もある」と思ってもらう必要があると考えました。

なので、プレー映像はまずエージェントに認めてもらうためにも必要だと思っていました。

赤星選手からエージェントを紹介してもらい、欧州にいるエージェントとまず電話(Skype)で話をしました。

そこではまず「自分自身、客観的に考えて難しいとは思います」とエージェントに伝えました。「28歳という年齢、センターバックというポジション、代表歴もなくJリーグでの活躍も乏しいし、普通に考えても欧州のクラブがほしいとは思わないでしょう」と「自分の立ち位置の見解を伝えた上で、難しいことはわかっていますがチャレンジしたいんです」という熱意を伝え、「もちろん、売り込むのにも労力と経費がかかるでしょうから最初にまずその費用は支払わせてください」「映像を作成したので、観て判断していただけたらと思います」と言いました。

3日後、映像を観たエージェントから「映像を観ました。可能性はあると思います。対人が強くスピードもありヘディングも強いので、対人の強い欧州のサッカーにも馴染みやすいと思うし、欧州で鎬を削ればステップアップしていける可能性もあると思います。もちろん、年齢やポジション、キャリアなどの面で現実的に難しい部分も多いですが、一緒にやっていきましょう！」と言ってもらったのです。

自作の映像と英語のプロフィルを欧州のエージェントに送ったあと、次にいつ連絡が来てもいいように、いつでも発てるように準備を進めました。

コンディションを落とさないように年末年始もトレーニングを欠かさず、地元広島で友人のいる社会人チームや広島成年国体チームの練習や練習試合にも混ぜてもらったりしていました。

そして、練習参加で渡航してうまく契約できた場合、リーグやクラブによっては夏にオフがなくそのまま1年間日本に帰って来ない可能性もあると考え、1年間帰れなくても大丈夫なような荷物をスーツケースにまとめておき、追加スパイクなどあとから送ってもらう用の荷物は段ボールに詰めておきました。

1月に渡航して1年間帰ってこないとなると渡航したあとには確定申告書を税務署に提出することができないため、1月初旬に確定申告書を作成して渡航前に提出できるように準備をしておきました。

このような準備をしておいた中で「柴村直弥の場合II　欧州のクラブとの契約までの流れ」の項に続いていきます。

辿る

柴村直弥の場合Ⅱ（欧州のクラブとの契約までの流れ）

「明日、ラトビア行ける？」

実際のケースとして、私が初めて欧州のクラブと契約をした際の経緯を綴っていきたいと思います。

私は世代別を含めて日本代表の経験がなく、Ｊリーグでの実績も乏しい選手でした。さらにはすでに28歳という年齢で、そして、当時はまだ現在ほど日本人選手が欧州で活躍していなかったこと、欧州で日本人選手の需要の低いディフェンダーだったことなど様々な要因があり難しい状況ではありました。選手のキャリアや状況によってはもっとスムーズにいく場合もあると思いますが、参考までにどうぞ。

２０１１年１月19日、22時30分頃、地元の広島で友人たちと食事をしていた私のもとへ一本の国際電話がかかってきました。

知らない番号。

携帯電話の通話ボタンを押し店の外に出ると、相手は欧州にいるエージェントでした。

「明日、ラトビア行ける？」

早口で話す彼の声は確かにそう言いました。

「行きます！」

勢いよく答えた私は詳細を聞くと、エージェントも時間がない中でかいつまんで教えてくれました。

「君の映像を使って様々なクラブに売り込んでいたところ、今ラトビアの強豪ＦＫヴェンツピルスというチームから連絡があり、４日後に練習試合があるからそこでならプレーを見てくれると。それで、そのチームが今リトアニアでキャンプをしているから、リトアニアの空港まで来てくれと。チームのスタッフのワジムという者がそこまで迎えに行くからとのこと。行けるって返事していいってことだよね？　今から調べるけど移動に時間がかかるから明日には日本を発ってもらわないと間に合わない。とにかく行けるって返事をして飛行機の便はこれから調べてあとからメールしておくから明日には発てる準備をしといて。それじゃあ！」

と早口な説明を一語一句逃さないように集中して聞き、電話が切られたあとに店に戻り、「明日、ラトビアのチームの練習に参加するためにリトアニアまで行くので帰ります」と友人たちに告げると、「えっ！　リトアニア？　ラトビアのチームで？　どういうこと？」と驚きを隠せない様子でした。それはそうですよね（笑）

一緒に食事をしていた友人は、当時VリーグのJTサンダーズに所属していたバレーボールの日本代表である酒井大祐選手などのバレーボール選手、一般の会社員などでした。普通の会社では「1カ月後からニューヨーク支社へ行ってくれ」ということはあっても、「明日からラトビアに行ってくれ」と言われることはなかなかないと思います。

今回の私のケースは欧州へ挑戦するために自ら映像を編集したり、欧州でプレーしている選手たちなどから情報を仕入れたりと準備はしていたものの、まずどこのクラブが私のプレーを見てくれる（いわゆる入団テスト）かどうかはまったくわからない状態でした。何ならどこも門前払いで、テストすらしてもらえない可能性もありました。

「明日、ラトビア行ける？」と言われた時も、それまでラトビアのラの字も頭の中になかったという状態でした。

翌日、午前中に確定申告書の提出を済ませ、午後から1人でトレーニングをし、荷物をまとめ、エージェントからのメールを見て便をチェックし、パスポートを持って関西国際空港のカウンターへ1人で向かいました。

実は私は1人で海外へ行くのが初めてだったこともあり、正直なところいくばくか不安もありました。

しかし、自分の夢のために自分で決めた道、何があってもやるしかないという気持ちで自分を奮い立たせ、FKヴェンツピルスのキャンプ地リトアニアへ向かいました。

翌日に発たなければならなかったこともあり、乗り継ぎがちょうどいい便がなく、関西国際空港から13時間のフライトでトルコのイスタンブールへ。そこで4時間のトランジット、さらに3時間のフライトでラトビアのリガへ。そしてここでは6時間のトランジットがあり、誰もいない空港内のカフェで6時間ストレッチなどの軽い運動を繰り返し、時差調整のため眠らないように努めました。なぜなら現地に到着したらすぐ練習があり、2日後には練習試合に出場する運びだったからです。

しかもその練習試合は私にとっては人生が懸かっているテストとなる上に、いいプレーができなかったら「即帰っていいよ」となります。「移動が長かったのでコンディションがよくなかった」は言い訳になりません。相手クラブ側からしてみたらそんなことは一切関係ないのです。

自己紹介もなく練習開始

ラトビアのリガからリトアニアまで1時間のフライトを終え、「ワジムを探さないと」と考えながら到着口から出たところで、クラブ関係者っぽい(ジャージを着ていた)人が「Are you Shibamura?」と聞いてきたので「Yes」と答えると、「Come on」と車に案内されました。彼がワジムでした。

そこから1時間。リトアニアのホテルに着いた時は現地時間22時。広島の実家を出発してからすでに35時間が経過していました。

部屋に案内され中に入るとラトビア人の選手がいて、「こいつと2人部屋だ」とワジム。英語での簡単な挨拶を済ませ、相部屋になったラトビア人の選手に「明日のスケジュールは?」と聞くと、「知らない。明日の朝、電話あるでしょ」と言われました。朝に電話がかかってきてその日のスケジュールを電話口で知る初めてのスタイルにまだ慣れないまま、初めて見るラトビア人の隣のベッドで就寝。身体が重く眠気もピークでしたが、時差と緊張か深夜2時に目が覚め、その後もなかなか眠れないでいると、朝のスケジュールを告げる電話の音が部屋に鳴り響きました。

翌日は午前中に最初の練習がありました。同部屋のラトビア人選手と一緒にチームのバスに乗り、屋内に人工芝のサッカーグラウンドがある練習場へ。

監督が現れグラウンドに集合し、監督の前に選手たちが立って話を聞きます。日本だと私のような練習生がいた場合はここで紹介が入り、「○○から来ました○○です。よろしくお願いします」といった挨拶があるのが通例ですが、海外ではその限りではありません。この時も紹介もなしにそのまま練習が始まりました。選手たちは私の名前も知りません。当然、私も選手たちの名前もまったくわかりません。

しかし、翌日には人生の懸かった練習試合が控えているわけで、1日という短い時間の中でできるだけチームに適応し、自分の力を発揮できる状態を作らなければなりません。そう思った私は練習中から積極的に選手たちに話しかけ、名前を聞いて覚えるように努めました。「そうしないと相手からは話しかけてもらえない。自分で能動的に適応していくしかない」と思い行動しました。

そして翌日の練習試合。選手全員の名前を覚え、後ろから指示を出してプレーをすることができたこともあってか、「良かった。次はレギュラー組のほうへ入ってどのくらいできるかが見たいから、4日後の練習試合にも出場してくれ」と言われ、その間そのままチームに帯同し、4日後の練習試合にも出場しました。

「明日は正午にプールだ」のひと言のみ

2試合目の練習試合をレギュラー組のメンバーの一員として出場し、試合が終わりチームバスでホテルに戻りました。この日でキャンプは終了だったため、部屋でシャワーを浴び、同部屋のラトビア人選手は荷物をまとめていました。

監督やチームスタッフからは何も言われず、今日の練習試合がどうだったのか？　私のプレーは良かったのか？　悪かったのか？　何もわからないまま流れのままに荷物をまとめてホテルのロビーへ。

選手たちはチェックアウトを済ませ、チームバスへ荷物を詰め込み乗り込んでいきます。私はどうすればいいのかわからなかったのですが、ふと外を見ると外は吹雪でした。リトアニアのホテルに1人残ってもどうしようもないと思い、考えた末にそのままバスに乗ることにしました。

バスに揺られること7時間。22時30分頃にラトビアの街ヴェンツピルスに到着。スタジアムに到着したバスから選手たちは降り、それぞれの家に帰って行きます。

私はまたどうしたらいいかわからないまま、気温氷点下25度の極寒の世界へと放り出されました（ラトビアでは翌年の２０１２年に氷点下34・２度を記録し、２月の数日間は氷点下20度以上を国内で記録しなかったほどの寒さで、この時はまだそれほどではなく氷点下25度程度でした）。

周囲にまだ残っていた選手に聞くと、「チームのマネージャー（ワジム）の車に乗れ」と言われました。それに乗ると何人かの選手たちを家まで送っていて、最後に私を部屋があるモーテルへ連れて行ってくれました。「明日は正午にプールだ」。そう言い残して部屋を去ろうとするワジムに「ちょっと待って！　プールってどこ？」と聞き返すと、「そうだな。そしたら11時45分に迎えに来るから。じゃあな」と彼は去っていきました。

そのモーテルでようやくWi-Fiがつながりエージェントと連絡が取れ、「今日の試合もよかったと言っていた。もう少し見たいから来週からのトルコキャンプにも帯同してくれと言っている」と言われました。

プールの翌日、クラブハウスに行くと、リトアニアのキャンプで私と同じポジションで最初の練習試合の時にレギュラー組にいた選手が見当たりませんでした。チームメイトたちに「あの選手はどこに行ったの？」と聞くと、「帰ったみたいだよ。お前が来たからもういらないってクラブから言われたんじゃないか？」と言われました。聞くとその選手はまだ契約書にサインをする前だったようです。まさに明日は我が身。私も契約をまだしていない立場なのだからいつ新しい選手が来て「お前はもう帰っていいよ」と言われるかわかりません。サバイバルの日々が続いていきました。

1週間、ラトビアでトレーニングをしたあとにチームでトルコキャンプへ向かいました。私たちのチームがあったヴェンツピルスという街は、ラトビアの首都リガからバスで3時間半の距離にある小さな港町。チームバスでリガまで行き、そこから飛行機で3時間かけてトルコのイスタンブール、そして国内線に乗り換えてキャンプ地のアンタルヤへとバス移動や待ち時間も含めると合わせて12時間くらいかかりました。

この間でも意識していたのはチームメイトとのコミュニケーションでした。積極的に席が隣になった選手などに話しかけてみたり、空港での待ち時間などもなるべくチームメイトたちと会話をするように努めました。

アンタルヤのホテルに着くとすでにホテルに外国籍の新しい練習生が３人（ナイジェリア人などのアフリカ国籍やラトビア人以外の欧州国籍など）待機していました。新たな練習生を加えてのサバイバルキャンプが始まりました（当時、ラトビア１部リーグの外国籍選手の登録に関しては登録自体に制限はなく試合に出場できるのは５人というルールでした。現在のＪ１のルールと似ていますが、Ｊリーグのように提携国枠のような枠はありません）。

そして、ＥＵ圏内の選手は外国籍選手とカウントしないルールがＥＵ圏内の国では多く見られていましたが、ラトビアではラトビア人以外は全員外国籍選手扱いになり、ＥＵ圏内の選手でもラトビア人以外は外国籍扱いになる形でした。

プールサイドで契約が通達される

トルコキャンプでは練習試合を数多く行いました。２週間で７試合。ロシア、ポーランド、ウクライナ、ベラルーシ、ＵＡＥなど様々な国のチームと対戦しました。

その間、チーム内では多くの練習生が来ては帰ってを繰り返していました。あとから気付いたことですが、パフォーマンスがよくない選手の見切りは早く、1日や2日で帰される選手たちもいました。

私もいつ「もう帰っていいよ」と言われるかわからない状態でした。

ただ、自分にできることは、毎日精いっぱいトレーニングと試合に励み、自分のプレーを最大限にアピールすることなので、明日帰れと言われるかもしれない状況での不安にかられそうになっても不安を抱えていても何も好転するわけではないと思い、今自分にできることだけを考え、とにかく前向きに思考を持っていき日々を過ごしていました。

毎日チームの全員と握手をすることも廊下などですれ違う時にウインクをされるという習慣にも慣れてきていた頃、ある日の昼、練習の合間にホテルの部屋で休息をとっているとクラブのオーナーから電話があり、ホテルのプールサイドに呼び出されました。

初めてのケースだったので「契約の話か？」それとも「もう帰っていいよ、という話か？」と思い、ドキドキしながら角部屋から長い廊下を歩き、階段を降りてプールサイドへ向かいました。

プールサイドに行くと椅子に浅めに腰掛け、長い足を真っ直ぐに交差させていたオーナーがいました。

「座れ」

「調子はどうだ?」と定番の挨拶を交わしたあと、「契約をしたい」と言われました。

オーナーは紙を出し、契約を意味する「contract」と記載し、契約年数は1年半、給与は月額いくらでチームの主力だった場合、半年後の9月からは給与が3割アップするというようなことを記載していきました。「さっきエージェントには連絡しておいたからまた話してみてくれ」

チームに合流してからすでに1カ月半が過ぎていました。

28歳、代表経験もない見ず知らずの日本人である私がラトビアの強豪であるFKヴェンツピルスと契約することは決して容易なことではありませんでしたが、日本からずっと応援してくれていた方々のメッセージなどには常に励まされていました。たくさんの方々への感謝の気持ちでいっぱいになった瞬間でした。

同時にまだ欧州のスタートラインに立っただけだという自覚も持ち、まずは自分の欧州でのキャリアを築いていかなければならないと気持ちを引き締めた瞬間でもありました。

結局、各国から自分のようにプロフィルと映像チェックを経て練習に参加していた30人以上の選手たちが来た中で、練習生から契約したのは私と監督が連れてきた20歳のロシア人選手の2人だけでした。1カ月間一緒にチームに帯同していた練習生仲間で最後に契約できなかった選手もいました。そうした狭き門でもあったわけですが、チームに在籍している外国籍選手は私を含めて10人いて、試合に出場できるのは常時5人まで。次はその中でのポジション争いに勝ち、試合に出場し、そしてチームを勝利へ導かなければならないと、次のステップへ気持ちが高まりました。

作る

売り込み用プレー映像の作り方

そもそもクラブは「あなた」に興味はない

いつか自分を欧州へ売り込む時のために、プロになってからこれまでの試合映像を自宅に保管しておいたので、それらを使って半年以上かけて売り込み用に自分のプレー映像を編集したＤＶＤを作成しました。

プレーハイライト映像に関しては多くはエージェントが作成する、もしくは映像編集に特化している人に作ってもらう、などの方法が当時は一般的でした。もちろんそのような方法も選択肢としてありましたが、90分×何10試合ある自分の試合を観てもらってシーンをピックアップして編集してもらう作業は相当な時間がかかり、かつ欧州のクラブ側のニーズを考えて作成するのはそこに詳しい人でないと難しいため、自分自身で作成することが最も効率がいいと考えました。

フォワードや攻撃的な選手であれば、ゴールシーンやアシストシーンだけを集めてつなげてもそれなりにその選手の特徴を示した映像になるので、そのような試合だけ渡して誰かに作成してもらうことも合理的だとは思います。ただ、ディフェンダーである私の場合、そもそもゴールシーンなどさほどなく、ディフェンダーとしての自分の特徴を示した映像にしなければならないため、自分がどの試合でどのようなプレーをしたかを覚えているので、自分で作成できるならそのほうが効率もいいとも考えていました。

さらに、その先を考えた時にも自分で映像を作成できるようになっていれば、毎シーズン自分で映像を作成し、その先の売り込みに活用することもでき、映像編集スキルを身に付けることは今後にも活きてくるだろうと考えました。

私の映像が送られてきたクラブ側のGMなり強化部長なりの気持ちを考えると、まず積極的に観ようという気持ちにはならないでしょう。それは当然です。代表歴もない見ず知らずの日本人選手の映像がいきなり送られてくるのですから。そもそも彼らが興味がないところから入るので、映像の時間や内容、シーンの順序など構成をうまく考える必要がありました。

時間は長すぎても最後まで観てもらえないだろうと思い、当時の肌感覚で最大でも10分以内にしようと考えました（現在の感覚で考えるなら5分前後を推奨します）。

最初に大枠でシーンを切り取り、22分くらいの映像になったところからシーンを精査して削っていきました。

器用貧乏なイメージを与えることだけは避ける

内容はまず私の風貌や体格などを認知してもらうために、インタビュー映像などを最初に入れました。その後のプレーで見間違いのリスクを減らすためです。プレー映像ではユニフォームの色を揃えました。徳島ヴォルティスのブルー（ホーム時）のユニフォームを着てプレーをしているシーンから入り、そのブルーのユニフォームのシーンを続けてすべてそこへまとめ、それが終わって次はアウェーの白、アビスパ福岡のホームのネイビーブルー、アウェーのグレー……というように色をまとめていった感じです。これは観る側の混乱を少しでも避けるためです。そして、自分がどの選手かわかりづらいところは映像に「○」を付けました。

プレー映像の選別は過去3年分の自分の映像を見返してその中から選んでいきました。

いろいろなシーンを入れすぎて何となくそれなりに何でもできて器用貧乏なイメージになるのを避けるため、観た人が映像を観終わったあとに「柴村直弥はこういうタイプの選手なんだ」とイメージが沸くようになることを意識して自分の特徴を表すようなプレーを集めました。なぜなら「このタイプの選手だったらうちがちょうど探しているタイプの選手と一致するから一回呼んでプレーを観てみよう」となりえると考えたからです。自分の立場を客観的に考えた場合、そのようなパターンでとにかく練習参加に漕ぎ着けるのがまずスタートだと思ったからです。

練習参加をさせてもらえなかったらプレーを見てもらうことすら叶わずに、練習参加させてもらえない可能性のほうが高かったためです。

そのようにして作成していった結果、最終的に9分14秒の映像が完成しました。

数多くのクラブに映像と英語のプロフィルを使ってエージェントに売り込んでもらった結果、ラトビアのFKヴェンツピルスから練習参加の話が来ました。チームに合流した時にチームのスタッフから「映像を観たよ。うちのチームは君のような勇気あるプレーができる選手を求めてるんだ」と言われました。映像が功を奏し、まずプレーを観てもらえるところまで漕ぎ着けることができたのです。

クラブはポジションさえ把握していない

では、自分の特徴が表れたシーンとはどのようなシーンでしょうか。

具体的に記載すると、例えばセンターバックの選手でボールを奪うことが得意だとします。その場合はボールを奪っているシーンを連続していくつか最初に並べていくといいでしょう。ここでこの選手はゴールシーンを最初に持ってきてはいけません。確かにゴールシーンは入れたくなるものです。もちろん入れてもいいのですが順序が大切です。最初にゴールシーンを入れてしまうと、それを観た人は「ストライカーなのかな」と錯覚してしまう可能性があり、最後まで映像を観てくれない可能性もあります。

何せ相手は興味がない選手の映像を観るわけです。プロフィルにポジションを記載していても、「相手側はしっかりプロフィルを読み込んで、センターバックと認識して最初から観ているとは限らない」ことを念頭に考えておく必要があるので、ストライカーなど得点を取ることが特徴を持つ選手でない場合は、ゴールシーンを入れるなら最後のほうに入れたほうが無難です。

もちろん、ストライカーなど攻撃の選手であればゴールシーン（特に自分の特徴がよく表れているシーンを先に）を最初に連続して並べるといいでしょう。

イメージが湧かない方は他の選手のハイライト映像をいろいろ観て参考にしてみるといいかもしれません。自分が観た時にわかりやすいと思う部分は真似してもいいでしょうし、逆にわかりづらいと思う部分は反面教師にするといいでしょう。

例えば以前、海外選手の映像でPKのゴールシーンを3回くらいスローで流すハイライト映像を観たことがありますが、さすがにこれは必要がないのがわかるかと思います。PKのシーンであれば1回で十分です。PKが3回もスローで表示されてしまうと、しつこいと感じてその時点で映像を観るのをやめてしまう可能性があるからです。

プロ選手でもハイライト映像を持っていて損はない

昨今、WyscoutやInStatなどをクラブで導入し、世界各国の試合映像が観られるクラブが多くなってきています。そうした中、Jリーグや各国のプロリーグなどでプレーしているプロの選手であれば、多くの場合は名前を入れればその選手が出場した試合が観られるため、そのような選手たちはわざわざ映像を作らなくても、特に欧州のクラブなら

WyscoutやInStatを自分たちで観るのではないかと思うかもしれません。

確かにそのような場合、欧州のクラブなどは自分たちで当該選手のプレーを観ることができます。しかし、それは欧州のクラブ側が興味を持っている場合に限ります。興味を持っていて獲得を検討しているなら、自分たちでリサーチして映像を観てチェックします。

しかし、興味のない選手の名前やプロフィルだけが送られてきても、わざわざ自分で調べてチェックするでしょうか。もちろん、する人もいるかと思いますが、しないことのほうが多いと思います。

まず興味を持ってもらうためにも、特徴を表したハイライト映像はやはりあったほうが確率は上がります。ハイライト映像で特徴がわかり、次のステップに進めば1試合の映像をチェックしたりしてくれるかもしれません。

そして、ハイライト映像があったほうがいいと思うもう一つの理由は、クラブ内で共有しやすいということです。

契約を決めるスポーツダイレクター（強化部長）が決済するのに、クラブの社長やオーナーなどの許可を取らないといけないかもしれません。そのような際にハイライト映像の質がいいと、許可が下りる確率が上がり獲得してもらえる確率が上がるわけです。

〈売り込み用プレー映像の作り方のポイント3〉

1　相手クラブ側が興味がないことから考える

2　自分を知らない人が観たあとに、自分の特徴がイメージできる構成にする

3　時間は5分程度を目安に、最長でも10分以内にする

〈ポイント3を意識した売り込み用プレー映像の作り方の大まかな流れ〉

映像を集める

↓

自分の特徴やプレースタイルが現れているシーンを中心に、良いシーンを多めにピックアップする

↓

シーンを並べ替える

①体格や容姿がわかるシーン

②自分の特徴が表れているシーンを数シーン連続で入れる

③その他の良いシーンを入れる

↓

全体を流して観て印象の薄いシーンを削っていく

↓

概ね完成したらシーンの前後にある余白部分をできるだけ削っていく

↓

自分がわかりづらいシーンには○や↓などのマークを入れる

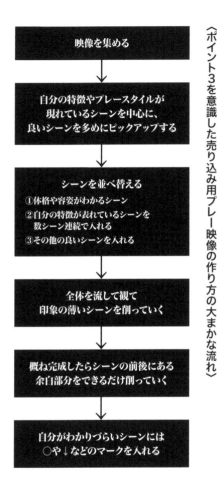

話す

語学の勉強方法

カメルーン人選手の「それは何て言うの？」でピンときた英語

２０１１年にラトビアに旅立ち、２０１６年にヴァンフォーレ甲府へ帰国するまでの海外生活５年の間に使用していた言語は、ラトビアでは主に英語、ウズベキスタンではロシア語、ポーランドでは英語とロシア語も活用しつつ、少しだけポーランド語という感じでした。

生活とチーム内のコミュニケーションで必要な言葉をどのように学んでいったのかをここでは記載していきます。

まず、最初にラトビアに行った際の英語に関しては、中学校、高校などで習っていた英語がベースとなりました。しかし、学校教育では英会話をする機会が少なく、頭ではわかっていても「会話する」ことに慣れていなかったので、ラトビアに行った当初は咄嗟に英語が出てこず、スムーズな会話とは言えませんでした。

最初はどうしても「正しい文法や表現で」という気持ちが強くあり、それを考えるがあまり言葉が出てこないことが多々ありました。

しかし、よくよく他の選手たちの英語を聞いていると、正しい文法や表現で話しているわけではないことも多く（英語が母国語ではない選手たちばかりでした）、それでも伝わって会話が成り立っていたりしました。

特にチームメイトのカメルーン人選手マキ・ムヴォンドの語学を学ぶ方法は参考になりました。

マキは母国語であるフランス語に加え、英語、イタリア語（奥さんがイタリア人）を話し、ラトビアでは積極的にロシア語を勉強していました。

どのように勉強していたかというと、シンプルにとにかく間違えてもいいから会話してみるということでした。

マキはチームメイトに積極的に自分から話しかけて会話をし、わからなかった表現や単語を「それは何て言うの？」とその場で聞いて、すぐに携帯電話にメモをしていました。

そんなマキの姿勢を見て「これこそが自分に足りないことだ！」と思いました。

「間違えたら恥ずかしい」と思うがあまり、会話をすることができなかった私はなかなか英語が身に付かず、どんどん吸収していくマキを見て自分も「間違えてもいいから勇気を出して会話してみよう」と実践していきました。

往々にして我々日本人は、私のように正しい文法や表現を使うことを意識しすぎたり、間違えると恥ずかしいという気持ちがあるあまり、なかなか会話をすることができない↓会話をしないとなかなか身に付かない↓語学に苦手意識を持つ、という悪循環に陥ることも多いのではないかと思いました。

マキのように勇気を出して積極的に自分からチームメイトに話しかけていくと、使った言葉や相手から聞いた言葉が頭に残りやすくなっていくことを実感しました。

積極的に会話をし、何とか伝えようと単語や表現を駆使することで、脳で考え口から音を発し、そして耳で聞き取ることになり、身に付いていくのではないかと感じました。

もちろん、会話するだけではなく、その時にわからなかった表現や自分が間違えた表現などを携帯電話にメモをしておいて、あとから振り返りわからない表現は辞書やネットなどで調べ、また翌日などに使ってみたりもしました。

そのようにして徐々に英会話ができるようになっていきました。

今すぐ使う言葉を調べて使ったロシア語

ラトビアで1年を過ごしたあと、ウズベキスタンへ行くことになりました。ラトビアのシーズンが11月に終わって日本に帰国したあと、ウズベキスタンのＦＣパフタコール・タシュケントからオファーが来たのが12月末。実家のある広島に滞在していた私のもとへエージェントから連絡が入り、「チームはすでに来シーズンに向けて始動しているから、1月5日からトルコキャンプに合流してほしいと言っている」とのことでした。1月4日にラトビアに戻る航空券を持っていたため、1月3日に日本を発ち、1月4日にラトビアで一泊し、1月5日にラトビアからトルコへ行くというスケジュールとなり、1月3日に日本を発つまでの準備期間は数日間しかありませんでした。

ラトビアである程度英会話ができるようになっていたことから、英語で何とかなるだろうという気持ち（過信）もあり、ロシア語の参考書1冊、辞書1冊を買っただけで日本を発ちました。

トルコのアンタルヤに到着すると、パフタコールが滞在しているホテルへ入ってチームに合流し、チームメイトに「Hello, how are you?」と話すと、きょとんとした様子でした。

まるで通じていない様子です。その後、徐々にわかってきたのですが、ウズベキスタンは英語を学校で学んでおらず、挨拶も1、2、3も知らないといった感じでした。外国人選手もジョージア代表選手2人とモンテネグロ人選手が1人で、ジョージアは旧ソ連圏なのでロシア語が堪能、セルビア語とロシア語は似ていることからモンテネグロ人選手もロシア語に馴染みがある様子で、ロシア語にまったく馴染みのない選手は私だけという状況でした。

最初はキャンプ中なのでチームでホテルに滞在していたこともあり、携帯電話の時計を見せながら、「次は何時にどこ?」「練習は何時から?」と身振り手振りで聞いていきましたが、その後、ウズベキスタンに戻ってから1人になるとそういうわけにもいきません。

なので、キャンプ中にまず私自身がロシア語を早急に覚える必要がありました。

挨拶関連はもちろん、まずは1~100までの数字を丸暗記し、「明日の練習は何時ですか?」というフレーズを調べて、毎日使うことで覚えていきました。それを聞くと「何時、何分」と数字で返答が来るので、数字さえ覚えていれば時間がわかるという流れです。

そのように今すぐ使う言葉を調べて使うというサイクルで少しずつ覚えていきました。

ラトビアで英語を覚えていった経験から使うことで身に付いていくことを実感していたの

で、使うことで少しずつ身に付いていくようになりました。

ただ、ロシア語は英語と違い、まったく聞き馴染みのない言語だったため、ヒアリングが最初は困難でした。私は一つもロシア語の単語を知りません。文字もアルファベットではなくキリル文字だったため、文字を読むことも難しいものでした。

監督が毎日ミーティング時にロシア語で話す内容も当然、最初はまったくわからなかったのですが、ある時から耳が慣れてきて聞き取れるようになっていきました。2カ月くらい過ぎた頃でしょうか。そのあたりから聞き取りができるようになり、聞き取った単語や表現をあとから自分で調べるということができるようになっていきました。

勉強方法としては、日々使いそうな単語や表現を調べる↓日常で使ってみる↓相手との会話でわからなかった単語などを携帯電話にメモをしておいてあとから調べる↓調べた意味や追加表現などを携帯電話に追記する↓また日常で使う↓携帯電話に溜まっていくメモをバスを待っている時間や乗っている時間、空き時間などに見て、単語帳のようなイメージで復習していく、このような感じでした。

また、これもラトビアでチームメイトだったマキがやっていたことですが、「これはロシア語で何て言うの？」というフレーズを覚えておいて、チームメイトたちと食事をしている時などにも身近にあるグラスや皿、調味料や料理や食材の名前などその場で聞いて、発音と単語を教えてもらい、携帯電話にメモをしていきました。

さらに、サッカーの練習や試合では専門用語が飛び交います。専門用語は辞書で調べても載っておらず、別の意味になっていたりしました。これはチームメイトに聞くのが最も早く、そして正確でした。

渡航から半年程度過ぎたあたりから、現地で知り合った在ウズベキスタン日本大使館に勤めていたロシア語の専門調査員だった日本人にロシア語を教えてもらっていたのですが、その日本人もサッカーの専門用語はわからず、伝えると「この単語がそういう意味になるんですか？」と興味深い様子を見せていました。

そのように言葉を学んでいき、ロシア語で日常困らない程度の会話ができるようになったのが、渡航から3カ月を過ぎたあたりだったでしょうか。

今でも当時のウズベキスタンのチームメイトやスタッフから電話があって話すことがあります。メッセージが来てお互いの近況報告などのやり取りもします。

キリル文字のキーボードを携帯電話に入れていて、それを使用することもありますが、メッセージのやり取りの際、アルファベットでロシア語を記載するコミュニケーション方法もあり、それでやり取りすることもあります。

言葉を覚えたことで親交が深まり、その後も友人関係が続いていくのは楽しいものです。

ロシア語のベースが生きたポーランド語

ポーランド語とロシア語は少し似ている部分もあります。例えば、右、左という単語はほぼ同じでした。

そのため、ゼロからロシア語を学んだ時よりはスムーズでした。

ただ、ポーランドのクラブでは英語を話せるポーランド人選手も多く、またウクライナ人選手が3人いて彼らとはロシア語で会話できていたため、ポーランド語を深く学ぶというよりはサッカーで使う用語や普段生活する際に必要な言葉や表現などを覚えていった感じでした。

ここまで私が実践してきた語学の勉強方法を書きましたが、語学を学んでいく際（特にゼロから学んだロシア語の際）に感じたことは、ある程度耳が慣れたり話せたりするようになるまでの期間（私の場合2カ月間くらい）はかなりパワーがいるということ。最初はまったく聞き取れないので根気が必要です。しかし、その期間を超えると、会話ができるようになってきて、逆に楽しくなっていきます。最初は大変でしょうが、それを乗り越えると語学のハードルがグッと下がるのではないでしょうか。

勇気を出して間違ってもいいので会話をしていくことはやはり大事なことです。話せる言語が増えていくと世界中に会話ができる人が増えていき、より多くの価値観や背景を持つ人たちと直接会話できるようになるので、世界が広がっていくようで楽しくなっていきます。

〈語学の勉強方法ポイント3〉

1　勇気を出して、自分から会話する

2　間違えることを怖れない

3　その場で聞く

〈ポイント3を意識した語学の勉強方法の大まかな流れ〉

明日使う言葉、フレーズを覚える
（挨拶、「明日何時ですか？」など）

↓

使う

↓

**わからなかった言葉を
携帯電話などにメモをする**

↓

**翻訳サイトや辞書などで調べて
メモに追記する**
（発音が聞き取れなかった場合は、
文脈などから近い言葉を探してみる）

↓

覚える

↓

（使うへ）

※「これは○○語で何て言うの？」という
フレーズを覚えておくとなおよし

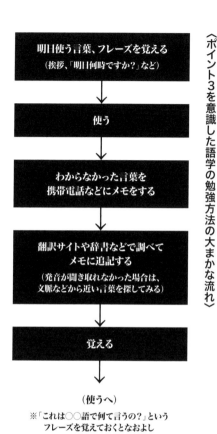

話す

海外で現地の言葉を覚える意味

「通訳がいない」がベース

外国人がたどたどしくも懸命に日本語を話している姿を見ると、どこか親近感が湧いたり愛らしく感じたりしたことはないでしょうか。

東京オリンピック2020でも海外から多くの選手と関係者が来日し、「アリガトウ」「コンニチハ」など、日本語を発する姿を目や耳にすることも多かったと思います。その感覚と同じように逆の立場で私たちが海外へ行った際、現地の言葉を話そうとしていると現地の方が親近感を抱いてくれることもあります。

サッカーもチームスポーツなのでメンバーとの関係性が大事になります。言葉がわからないままプレーだけで結果を残していくのも、もちろん不可能ではありません。確かにそのような事例もあります。

しかし、言葉がわからないと監督の指示の理解や選手との連携の擦り合わせなどが難しく、結果を残せる確率は当然低くなります。現地の言葉を覚えてコミュニケーションを図っていくことは、海外で結果を残していく上でプラス材料になるのは明白です。

「語学の勉強方法」の項でも紹介したマキのようにこれまで欧州でプレーしてきた選手を見ると、海外の選手の多くはその場で言葉を覚えてチームに馴染んでいくことがスタンダードのように感じます。

日本のクラブは外国人選手に通訳をつけることが多いですが、これまで私が在籍した海外のクラブなどで選手に通訳がついているケースはあまり見たことがありません（欧州のクラブで選手に通訳をつけているクラブもあるが少数。監督はまた別となります）。

確かに日本語は英語、スペイン語などとかなり異なることや英語を話せる日本人も少ないなどの点から、日本のクラブが外国人選手に通訳をつけることは必要でしょう。ただ、海外のクラブは選手に通訳をつけないのがスタンダードだとすれば、郷に従ってつけないことを前提として準備、対応していくことが基本になります。

中田英寿さんがイタリアに発つ前からイタリア語を勉強していたのは有名な話です。長くドイツで活躍している長谷部誠選手もドイツ語が堪能で、様々な国を渡り歩いている本田圭佑選手も英語やイタリア語などを話します。また、川島永嗣選手が日本人にとって最も厳しいゴールキーパーというポジションながら、38歳となった今でもフランスで活躍できているのは英語やフランス語など様々な言語を習得していることも大きいと思います。

このように海外で活躍している日本人選手は現地の言葉を学び、コミュニケーションを積極的に取っている選手がほとんどです。もし海外で活躍したいのであれば「通訳はいない」ことをベースとして準備、そして現地で適応していく必要があります。

背番号は序数である

最後にこぼれ話を一つ。海外でサッカー（スポーツ）をプレーするにあたり認識しておくといいこととして、「背番号は序数（順序を表す数詞）である」が挙げられます。

ウズベキスタンでロシア語を独学で勉強していた頃、練習時間などがわかるように1～100までの数字を丸暗記したと紹介しました。その後、試合中に相手選手のマークにつく際などに、「何番にマークにつけ！」とチームメイトから言われる数字が「少し違うな」と感じました。ほどなくして「背番号は序数」だということに気付いたのです。

英語の1、2、3などは序数になると発音が変わるため気付きやすいのですが、1はゴールキーパーであることが多く試合中にあまり使いません。4、6、7、8、9などは序数も最後に「th」がつくだけで似ているため、ラトビアでは何となく成り立っていました。

「序数のロシア語も覚えないと！」と思った私は、序数も1〜50くらいまで（ひとまず背番号は50より大きい番号は少ないため）を暗記していきました。英語と同じように1、2、3は発音もだいぶ変わり、4以降はそれほど変わらない数字もありました。勉強していくうちにある程度の法則がわかってきた中、40番の序数が大きく違うことを発見しました。

4が「четыре（チェティーリ）」、40が「сорок（ソーラク）」で、40の序数はというと「сороковой（サラカボーイ）」でした。

「40番はあまりないだろう」と高を括っていたら、AFCアジアチャンピオンズリーグ第1節のアル・イテハド（サウジアラビア）戦で、私がマッチアップした相手の右サイドハーフの選手が何と40番だったのです。チームメイトから「サラカボーイにつけ！」と言われた際、「OK！」と親指を立ててバッチリ合図したことは言うまでもありません。

よく考えれば1番目、2番目と言うので当然ではありますが、「背番号は序数である」と認識しておくと、試合中の指示などに適応しやすくなると思います。

コラムⅢ　ロシア語で回避できた「アゼルバイジャン危機」

練習参加したクラブは給与未払いだった

2011年にラトビアでリーグ戦とカップ戦の2冠を達成し、UEFAヨーロッパリーグに出場したことで、その後は海外のクラブから興味を持ってもらえることが増えていきました。

これはアゼルバイジャン1部リーグのクラブからオファーが届き、現地まで行った時の話です。

首都のバクーにあったそのクラブはそのシーズン、1部リーグで下位に低迷しており、外国人選手の補強を模索していました。

アゼルバイジャンの各クラブは豊富な資金力を活かして力をつけてきていた最中でした。当時もUEFAヨーロッパリーグのグループリーグで名門ネフチ・バクー（2021年に本田圭佑選手が在籍）が、イタリアのインテル相手にアウェーで3対3で引き分けるくらいの力がありました。

実際、私もトルコキャンプでネフチと対戦したことがあり、アゼルバイジャンの実力を体感していました。興味もあったのでバクーに行き、練習に参加することにしました。

初日の練習前のロッカールームでのミーティングで監督が「みんな調子はどうだ？　オフはリフレッシュできたか？」と言いました。オフ明けの練習では定番のような言葉をロシア語で冒頭に発した際、選手たちはシーンとなっていました。「あれ？　何だか雰囲気が暗いな。成績があまりよくないからかな」と思っていると、キャプテンらしきセルビア人の選手が「まあまあだよ」と暗い声でひと言発しました。

すると、監督は「お金が必要か。気持ちはわかる。でも俺にはどうすることもできないんだ」と言いました。「えっ」と思った私はこのクラブは「給与未払い進行中なのか」と気付き、ミーティングが終わったあとに隣にいた選手にロシア語で尋ねました。「給与未払いなのか？」と聞くと「そうだ」と答えた選手に「何カ月?」と続けると、「少なくとも3カ月。中には5カ月もらっていない選手もいる」と答えました。

練習後にエージェントに連絡し、その旨を伝えアゼルバイジャンをあとにしました。

実は欧州のエージェントはこのようなことを言っていました。「アゼルバイジャンのクラブから話が来た。だが、この話を持ってきたアゼルバイジャン人のエージェントとはこれまでやり取りはしていたが、まだ実際に取引をしたことがなく今回が初めてとなる。そのため、どの程度信頼できるかはわからない。断っても問題はない」

それを踏まえながらアゼルバイジャンに行きました。バクーの空港に迎えに来てくれたアゼルバイジャン人のエージェントとホテルに着くまでの間、ロシア語でいろいろな話をしました。このクラブについて「とてもいいクラブだ」と話しており、財政難や給与未払いの話は当然ながら話題に出てきませんでした。もちろん、そのエージェントも知らなかった可能性はあります。

アゼルバイジャンのクラブはネフチやカラバフなど資金力のあるクラブが多く、

外国人選手の制限も比較的緩いため多くの外国人選手たちがプレーしていました。そのクラブは設立からわずか4年目で資金を投入して1部に昇格してきていたものの、資金繰りが悪化していたのでしょう。この4年後にクラブは破産しました。

もし私がロシア語で会話ができなかったら、監督が言っていたことも選手たちから聞くこともできなかったでしょう。

言語を学んでいたことで危機を回避できました。

理解する 日本と海外の違い

勝利への執着心とボールへの執着心

「日本と海外は何が違いますか？」

２０１１年から海外でプレーするようになって以降、帰国時に友人、知人に会った際や取材を受ける際によく聞かれる質問です。

主にサッカーについての違いを聞かれることがほとんどでした。

言葉通り、「違い」を説明しようとすると当然いろいろなものがあり、その時々で何度も説明しているうちに、「長々としていて相手もわかりづらいだろうな」と感じ、端的に違いを表現できないかと考えた末、下記のように答えるようになりました。

「勝利への執着心とボールへの執着心が違う」

あくまでも私が経験した国やリーグ、対戦した相手などの範囲で感じたことではありますが、様々な違いがある中でこの2つは特に違うと感じました。

「勝利への執着心」でいうと、日本でも外国人選手がリラックス目的のミニゲームでも、徐々に本気になって負けるとものすごく悔しがることがあります。

私が経験、見聞きした範囲ですが、日本のチームではリフレッシュ目的でミニゲームを行うことが多かった一方で、海外のチームではリフレッシュ目的でミニゲームを行うことはありませんでした。リフレッシュ目的の時は中央にネットなどを置き、サッカーバレーのようなゲームをしていました。

この理由を考えた時に、海外でミニゲームをすると全員が勝ちたくなるため、公式戦さながらの激しいプレーになってしまい、ケガ人が出るリスクが高まるのでネット越しで接触のないメニューにしているのではないかと思いました。日本だと「リフレッシュ目的」を理解してそれほど激しく当たらずにミニゲームを行うことができていましたが、海外では勝利への執着心が強すぎるために、ネット越しのメニューにしているのかもしれません。

どちらが良い悪いというわけではなく、これは「勝利への執着心の違い」でしょう。もちろん、日本人選手にも執着心が強い選手はいて、逆に海外の選手で執着心が弱い選手もいます。ただ、全体的な割合から言うと私が経験した海外のクラブではその傾向が強かったように感じました。

海外の選手たちは総じて本能の部分が強い

そして、「ボールへの執着心」。いわゆる球際と呼ばれる部分で、よく「海外は球際が強い」と言われます。これは私の経験上、体格の違いもさることながら、他に「ボールを奪われたくない」「ボールを奪いたい」という「ボールへの執着心」が強いことが関係していると感じました（このあとの「見えている景色」の項でも書きますが、焦点を当てる対象物の違いもその要因として挙げられるかもしれません）。

日本人選手が海外クラブ（主に欧州）へ移籍した際、この「球際」の違いに慣れるまでに少し時間を要することがよくあります。私がパフタコールでプレーしていた時のトルコキャンプでシュトゥットガルト（ドイツ・ブンデスリーガ1部）と対戦した際、シュトゥットガルトでプレーしていた酒井高徳選手も、移籍加入して間もない頃で球際の違いに苦しんでいるような様子が見受けられました。しかし、その後は球際の違いにも適応していき、短期間で順応して活躍していったのは見事でした。

さらに、幼い頃から周りの選手たちも同じように「ボールへの執着心」が強い中でプレーしてきているので、球際のせめぎ合いを行う回数が多く、徐々に洗練されていき、より強くなっていくのだろうと思います。

「勝利への執着心」「ボールへの執着心」、どちらも本能のような部分だと思います。私が経験した海外での選手たちは総じて日本の選手たちよりも本能の部分が強く、逆に日本の選手たちのほうが感情を理性でコントロールする力に長けていると感じました。これもどちらが良い悪いという話ではなく、特性の違いの話です。

伝える

求めすぎない自己主張

自分の意志を求めるのではなく伝えることが大事

よく海外では自己主張が必要だと言われます。サッカーにおいても重要な要素だと思います。往々にして日本の文化には察する文化があり、自己主張をすることが海外（特に欧米）ほど多くないため、欧州のリーグなどでプレーするためには自己主張が欠かせないと言われます。

これについては、確かに自己主張は重要であり、その上で求めすぎないことも大事だと海外のクラブで5年間プレーしていて感じました。

自己主張をして自分の意見や要望を相手に伝えながら、それが通らなくても構わないというスタンスでいることが大事であるように思います。

意見の相違があった際、日本では比較的話し合って妥協点を見つけたりすることが多かった中で、海外ではお互いそれぞれに主張をし、特にまとまっていない中でプレーが進んでいくことがありました。それでも、自分の意見が通らないことにストレスを感じている選手は少なかったように思います。

彼らは練習中や試合中などに自分のプレーの要求や主張をします。「ここにパスを出してくれ」「こっちに動いてくれ」「オレにボールを預けろ」。日本のチームでプレーしていた時よりも明らかに多く感じました。しかし、相手が次にその通りにプレーしないこともまた多いのです。それに対してストレスを感じている様子はあまりなく、とにかくそれぞれが主張をし合っている感じでした。その時に私が思ったのは「主張することで自分の意思を相手に伝えることが大事で、相手にそれを求めるわけではない」ということでした。

ただ、お互い主張を伝えているので、お互いに相手の意向は入ってはいます。ある時、お互いの意向がバッチリ合って、例えばスルーパスからシュートが決まった時などは、お互いに見合うアイコンタクトと力強い握手などがかわされていました。そうやって連携を深めていく姿を数多く見ました。

海外選手の話で「練習中や試合中にお互い意見を言い合って一見ケンカのようになっても、練習や試合が終わったらお互い気にせず仲良く食事に行ったりする」というような話を聞いたことがあるかもしれません。意見を言い合うのが日常であり、それがあとを引くことはあまりないのでしょう。

「自分がこうしよう」というスタンスが大事

私はそもそも内向的な性格であったこともあり、自己主張をするのが得意ではありませんでした。黙々とプレーをするほうが楽でした。しかし、海外では自己主張が大事だと感じた私はラトビアではプレーの主張や意見を意識的に増やしました。ただ、前述のように「それが通らなくても構わない」というスタンスでした。日本のように周りの人が「察して」くれることは少ないので、自ら伝えないと相手にはわかりません。しかし、「伝えてもそれが通らなくても構わない」スタンスでいることで、ストレスを感じることは少なかったように思います。

そもそも自分の主張をしてその通りに相手がしてくれると思うのは、自分本位な考えでしかありません。「相手がこうしてくれない」と悩むのではなく、「自分がこうしよう」というスタンスでいることが大事なのかもしれません。

ただ、日本では自己主張をしすぎると、「それが通らなくても構わない」と思っていても、相手にそれが伝わらず自分本位な人に見られてしまうこともあります。

その場の空気やそのチームや組織の雰囲気などによって伝え方や伝えるタイミングなどは考える必要がありそうです。

考える

価値観の違い

「時間を守れ」は押しつけになる

ウズベキスタンでプレーしていた頃、翌日がオフだったある日、練習後にチームメイトにこう言われました。

「明日、11時にお前の部屋に行くよ！」

「ＯＫ」と返事をし、翌日部屋で彼を待っていました。

しかし、時計の針が11時を回っても彼は現れません。

電話をかけてみましたが繋がりません。

そのうち来るだろうと思い、外出できる準備をして待っていました。

しかし、12時を回っても彼は現れなかったので、私は外にランチに行きました。

結局、彼はその日現れませんでした。

翌日、練習で彼に会うと開口一番「よう！　調子はどうだい？」と陽気に話しかけてきました。彼はもう昨日のことは忘れていたのです。そもそも一昨日の約束自体を忘れていたのでしょう。

そこで、怒るのではなく「待っていたのに」と笑顔で伝えました。

このように笑顔で対応できたのは、ウズベキスタンに住み始めてからすでに数カ月経過していて、ある程度ウズベキスタン人の傾向がわかってきていたのもありました。

日本人は比較的時間を守ります。守ることが当たり前となっている感覚もあるでしょう。海外で暮らし始めた当初は私もそのような感覚が少なからずありました。

しかし、それは自分の価値観に過ぎません。

相手には相手の価値観があります。ましてラトビアやウズベキスタンで暮らし始めた自分はマイノリティであり、自分の価値観の主張ばかりしていても誰も合わせてくれることはないでしょう。

時間厳守は日本で育った自分の中には当然の価値観としてあることですが、ウズベキスタン人の彼にとっては異なることかもしれません。お祈りの時間や仕事の時間は守っても、休日に友人と会う時間を厳格に守る必要はないという価値観かもしれません。

そう考えた時に、「時間を守らないといけない」と言ってしまうのは、自分の価値観の押しつけになると思いました。

相手の価値観を尊重して次に自分の価値観も認めてもらえる、この順番なのだと海外に出てからは特に実感していました。

ただ、前記の場面でこちらが何も言わなければ、相手には自分の価値観は伝わりません。なので、彼の価値観を怒らず笑顔で受け入れつつ、自分が待っていたことも伝える方法を取ったのです。

そして、次回からはもし外で待ち合わせる場合は、自分が本を持参したりして待ち時間が長くなることを想定して準備することができます。来るとしても1時間くらいは遅れるだろうなと想定した上で、1時間を過ぎたらもうその日は来ないと考えて次の行動に移るという感じで対応していました。もちろん、随時連絡はします。

ただ、自分が待っていたことは怒らず笑顔で伝えます。「5分前に来ていたよ」と自分が来ていた事実を伝え続けていると、徐々に相手も早く来てくれるようになりました。

相手の価値観を尊重したことで自分の価値観も認めてもらえたのかもしれないと感じた瞬間でした。

〈価値観を共有するためのポイント3〉

1　相手を尊重する気持ちを持つ

2　受け入れるだけではなく自分の価値観も伝える

3　自分の価値観が受け入れてもらえるはずだと考えない

〈ポイント3を意識した価値観を共有するための大まかな流れ〉

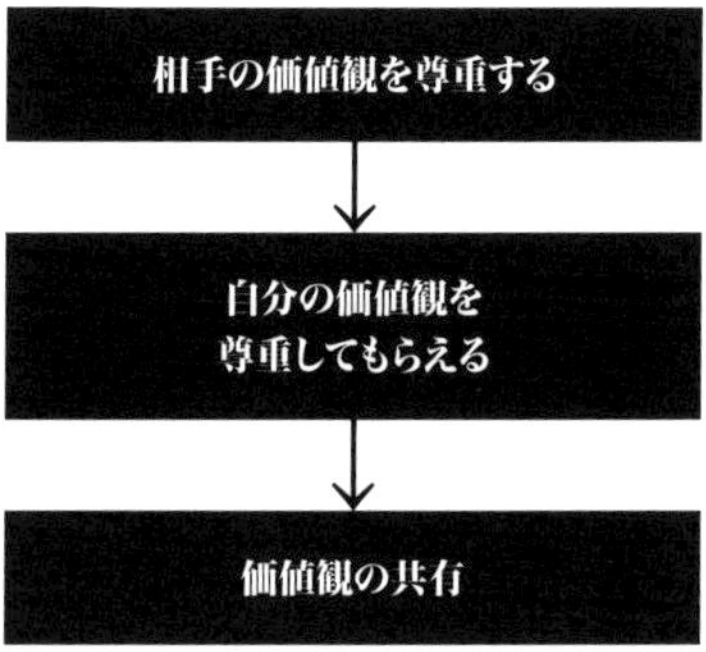

理解する

見えている景色

西洋人と東洋人で焦点は異なる

社会心理学者のリチャード・E・ニスベット氏と増田貴彦氏による研究の中で以下のような実験があります。

大きな魚が海の中で泳いでいる20秒のアニメーションを観てもらいます。その後、被験者に「映像では何が映っていたか？」と聞くと、ある人は「魚」、またある人は「海藻」、またある人は「蛙」と答えました。

検証結果によると、アメリカ人は絵の中で最も大きな物体である「魚」と答える確率が高く、日本人は端のほうに小さく1匹いるだけの「蛙」や「海藻」などと答える確率が高かったといいます。

次に「魚」の形を少し変えてもう一度見せたところ、アメリカ人は大きな「魚」の変化に気付く確率が高く、逆に海の中の小さなディテール、背景や絵の細部の部分を少し変えると日本人が気付く確率が高かったようです。

つまり、同じ絵を見ていても見えている世界が人によって違うのです。

これはその人が育ってきた環境や文化に影響があり、同じ景色を見ていると思っていても、見えているものや解釈は人によって違っているということです。

ラトビアでこんなことがありました。

練習中、監督が「次は5対2のボール回し。それぞれグリット（四角形の枠）に入って」と言いました。

その時、グリットは3つありました。21人の選手がいたためです。それぞれが自由にその3つのグリットに分かれて入ったのですが、すでに7人がグリットに入っているところへもう1人来たり、その一方で6人しかいないところへ誰も行かなかったりといったことが起こりました。私はすぐに足りないところへ入りましたが、6人のグリット、8人のグリットがあるのに8人のほうの選手たちは一向に動こうとしない上、誰も気が付きません。ほどなくして6人のグリットのほうの選手が気付き、「1人こっち来てよ！」と呼びましたが、それまで日本で同じことを行ってきたイメージよりも大幅に時間がかかったと感じました。

このような5対2や4対2、6対3などのボール回しのトレーニングは日本でもよく行いますが、日本で行うと瞬時にどこが人数が足りないかを選手たちが判断して動くため、それほど時間がかからずに正しい人数が揃います。

これはこの1回だけではなく、毎回同じように時間がかかりました。「この違いはなんだろう?」と当時考えたものです。

前述の研究では西洋と東洋で違いがあるとされており、欧米を含む西洋人はより対象物に焦点を当て、日本人を含む東洋人は背景に焦点を当て全体を俯瞰的に捉える確率が高いという研究結果が出ています。

ボール回しの適切な人数を全体を見て把握して動ける日本人が優れているというわけではなく、逆に彼らはボールや相手など対象物により焦点を当てることができるわけです。これはサッカーにおいて対人が強い(体格の違いだけではなくこの違いもある)ことにも繋がっているように思います。

「見え方」はどちらも正しい

ここで言いたいことは同じ場面を観ていても観えているものが違う場合があるということです。

これを理解しておくことは、特に海外で生活する上で役に立つことだと感じます。

そして、それは確率が低いだけで、日本でも起こりえます。

「あなたも見ていたはずなのに、なぜあれが見えていなかったの？」

などと相手に対して思うことはないでしょうか。

相手には別の部分が見えていた可能性があります。

日本で過ごしていると、皆同じ日本人で似たような環境で育っただけに相手も「同じものが見えている」ことのほうが多いため、相手が「違うものが見えている」時に違和感を持ったり、自分か相手のどちらかがおかしいと思ってしまうのかもしれません。

しかし、それは見え方や解釈の違いであって、どちらかが正しいということではなく、どちらも正しいということではないでしょうか。

相手も自分と同じものを見ているはずだという先入観を排除することが、自分のストレスを緩和し、対人関係を円滑にすることにも繋がるのではないかと感じます。

そもそも同じ景色を見ていても見えているものが異なることもあると理解していれば、そのような時に必要以上にイライラすることもなくなると思います。

大事なのはその上でどうするかということでしょう。

「相手がわかってくれない」とシャットアウトしてしまうのではなく、見え方や解釈が違うという前提のもと、では自分がどのように伝えればわかってもらえるか、あるいはどのように考えれば相手を理解することができるのかと考えて実行することが文化や価値観の違う相手との相互理解を深めることになります。

もちろん、それでもどうしても合わないこともあるかもしれません。ただ、合わないことが多い場合は、相手ではなく自分の考え方を変えることで、多少なりにも解決できることもあるのではないでしょうか。

コラムⅣ　プレーの場所を失ったウクライナ人

突然クラブの解散を告げられた

ポーランドでチームメイトだったウクライナ人選手のヴォロディミル・コバルは2014年7月にチームに加入しました。直前の所属クラブはウクライナ1部リーグのFCセヴァストポリというクリミア半島最大の都市セヴァストポリを本拠地とするチームでした。

2014年2月からのクリミア危機により、2014年5月までリーグ戦を行う予定だったウクライナ1部リーグに加盟していたFCセヴァストポリを含むクリミア半島の2チームは、2014年3月から試合を行うこともできず宙ぶらりんの状態が続いていました（クリミア半島で試合を行うことは危険と判断され、当時試合はすべて延期となっていました）。

クリミア半島をロシアが実行支配していたことで、2チームをどうするかという問題がウクライナサッカー協会で連日協議されていましたが、最終的にその2チームをロシアリーグに編入させる方向になりました。

しかし、ロシアリーグも簡単に受け入れるわけにもいかず、結局ロシア3部リーグに編入させることに決定しました。

これによりコバルはプレーをする場を失いました。

なぜなら、ウクライナリーグでは当然ウクライナ人選手は自国選手となりますが、ロシアリーグでは外国籍選手となります。さらに、ロシア3部リーグでは外国籍選手の登録は認められておらず（2014年当時）、FCセヴァストポリを含むクリミアの2チームの選手たちはロシア人選手を除く全員が突然プレーする場所を失い、他のチームを探さなければならなくなったのです。

当時22歳だったコバルはウクライナのU―16、17、18、19、20、21代表のエースストライカーとして活躍し、ウクライナのその世代の中心選手であり、その年、ウクライナ1部リーグでも試合に出場し始めたまさに選手としてこれからという時のことでした。

「ある日突然、クラブの解散を告げられた」と本人も言っていましたが、突然所属クラブがなくなってしまったため、急遽移籍先を探すのは困難だったといいます。そんな中で彼は私が在籍していたポーランドのクラブへ練習参加にやってきて、プレーが認められて契約することになったのです。

身近だったからこそ考えたクリミア危機

東日本大震災や新型コロナウイルスの影響などでサッカーやスポーツがストップしてしまったことから、日本でも身に染みて感じることも近年多いですが、サッカーのようなスポーツも日常が平和であってこそ成り立つものでもあります。言葉にすると当然のことのようですが、当時、毎日ともに練習や試合をしている身近な存在であるチームメイトが実際にそのような境遇に見舞われ、その話を聞いたことで改めて真剣に考えさせられました。

クリミア危機についても、もし私が日本にいたら日本では実感しにくい出来事だけに、遠い異国の地で起きていることとしてそこまで深く考えなかったことでしょう。

それが身近にその境遇に見舞われた選手がいたことで調べたり、彼の気持ちになって考えたりしました。身近に感じることでより深く考えることもあると思い、当時、『スポーツナビ』に企画を提案し、コバルの許可も取った上でこの問題に関する原稿を執筆しました。

アウェーの試合に行った際に前泊したホテルの部屋でコバルと2人で話をし、彼がFCセヴァストポリやクリミアの話をする時の表情は真剣そのものでした。ただ、話の最後には笑顔も見せてくれました。自分が受けた境遇と事実を受け止め、それを乗り越えて彼は前に進んでいたのでしょう。

ともにプレーした2014―15シーズン、彼は25試合に出場し、これまでの彼のキャリアで最多となる12ゴールを決めました。

コバルのような境遇に直面する選手たちもいる中で、当たり前のようにプレーできていることに幸せを感じ、一日一日を大切に精いっぱいプレーしていきたいと改めて思った出来事でした。

辿る

柴村直弥の場合Ⅲ（ビザ取得、ＩＴＣ手続き完了までの流れ）

契約前にオーナー、ＳＤ、監督が交代

日本ではあまり起こり得ないことも海外では起こることがあります。こういうこともあるかもしれないと知っていれば、対処できたり心構えができたりすると思うので事例として私のいくつかのケースを記載していきます。

２０１４年６月21日、私は成田空港からモスクワ経由でワルシャワ空港に降り立ちました。６月23日からポーランドのストミール・オルシティンというクラブの練習に参加するためです。

ストミール・オルシティンは４月の時点でスポーツダイレクターが私のプレーを非常に評価してくれていて獲得に動いていました。

しかし、終盤戦（６月初旬にリーグ戦は終了）にストミールの成績があまりよくなかっ

ため、シーズン終了後の6月15日に「チームの練習が開始する6月23日から合流してほしい」とエージェントを通じて連絡が来ました。

荷物をまとめて航空券を予約し、6月21日の夜にワルシャワ空港に着き、ワルシャワのホテルで一泊しました。翌日の6月22日にワルシャワからバスで3時間かけてオルシティンの街に行く予定でした。

すると6月22日の午前中に1本の連絡が入り、練習開始が26日からになったということでした。バスも予約していたのでとりあえず予定通り22日にオルシティンに入りました。

そして翌日にクラブハウスを訪れ、グラウンドを使わせてもらい3日間の自主トレをして26日から練習に参加しました。

急な変更は海外では付きものですが、この時クラブ内では様々なことが起きていました。

まず1つ目は監督が交代するということ。しかも後任の監督がいまだ決まっていない状況でした。

2つ目はオーナーが代わるということ。前オーナーが辞任し、新しいオーナーがやってきてクラブの内部が著しく変化している最中でした。

そして私にとって事態を急変させた3つ目は、私のプレーを評価してくれていたスポーツダイレクターが退任するということ。

23日に私がクラブハウスを訪れた時からいろいろと良くしてくれていただけに、そのニュースを聞いて非常に残念な気持ちになったことを思いだします。

しかし、彼がいなくなる、つまりクラブ内での私の評価が変わっている可能性があるだけに、残念がっている時間などありません。

すでに練習に参加していたため、ここでいいプレーを見せてアピールしていくしかないという気持ちで毎日のトレーニングを行っていました。

しかし、監督がなかなか決まらなかったため、予定されていた練習試合が3試合中止となり、7月初旬から予定されていたキャンプも延期になってしまいました。

その間、前監督がトレーニングを指揮していて、1週間の練習で紅白戦（30分×2本）を2試合し、前監督、新オーナーは私のプレーを評価してくれました。

そして7月4日についに監督が決まり、監督が来た翌日の最初の紅白戦（40分×2本）で監督が選手たちのプレーをチェックし、監督も私のプレーを評価してくれようやく正式なオファーが届きました。

このように自分を評価してくれていたスタッフが急にいなくなったり、監督やオーナーが急に代わったりするということは海外では頻繁に起こり得ます。

骨が折れる渡航履歴の記載

ストミールから正式なオファーが届き細かい条件を詰めて承諾し、クラブハウスの会見場でクラブの会長と副会長とともに2年契約の契約書にサインをしました。これで正式にストミールの一員となりました。

しかし、それから登録が完了するまでが長い道のりでした。

ポーランドのプロリーグでは外国人選手は労働ビザを取得してからでないとリーグに登録ができません。契約書にサインしたのと同時にクラブは私の労働ビザの申請を始めました。

まず最初にクラブのスタッフと一緒にパスポートを持って市役所へ向かいました。担当部署へスタッフとともに行くと「今年からやり方が変わったからここではできない」と言われせっかくの1日をロスしてしまいます。

翌日、練習前にクラブハウスに行くとクラブのスタッフに、「パスポートに記載されている日本国外への渡航日と帰国日をすべて書いてくれ」と言われました。シンガポールの複数回から始まり、ラトビア、5度に渡るトルコキャンプ、ベラルーシ、セルビア、ウズベキスタン、UAE、サウジアラビア、ポーランド……。パスポートの中からそれぞれのハンコを探して日時を記載するのは骨の折れる作業でしたが、なるべく早く出したほうがいいのでその日のうちにパスポートのハンコを見て思いだしながら、2005年1月に関西国際空港からシンガポールに発った日から2014年6月のポーランド渡航までのすべての正確な年月日を紙に記載しました。

そして別の日に今度は県庁（のようなところ）へ行き、書類を提出してその場で記載、サインもしました。クラブのスタッフによるとこれで私ができることはすべて終わりで、「あとは自分たちの仕事だ」と言われ私は待つのみとなりました。

登録前にカップ戦敗退

ビザの申請を始めたのはリーグ開幕の3週間前。

スタッフに聞いたところ「開幕に間に合うかどうかはわからないが努力はする」と言っ

ていました。

当然、私は開幕戦に出場するつもりで準備をしていましたが、開幕5日前になって「開幕戦にはビザは間に合わない。ただ、1週間後の第2節には100%間に合うから」と言われました。

ただ、この時はもともと「開幕に間に合わないかもしれない」と言われていたのでそこまでショックはありませんでした。

しかし、第2節の4日前に「今週もビザが間に合わないから試合には出られない。来週の月曜日か火曜日に出るそうだ」とスタッフに言われ、第2節のホーム開幕戦の出場も見送ることになってしまいました。しかし、翌週の水曜日に国内カップ戦（日本でいう天皇杯）で3部リーグのチームと対戦する試合があったため、そこに向けて気持ちを切り替えました。

そして翌週。

火曜日にスタッフに聞くと「木曜日に出る」と言われ、カップ戦も出場できないことが決まりました。その場で「今度こそ100%か？」と聞くと「そうだ。……いや、99%だ。何が起こるか未来のことはわからないがほぼ大丈夫だということだ」と自信満々に言っていたので、今度こそ信用し気持ちを週末の第3節に向けて切り替えました。

しかし、カップ戦でストミールは格下である3部のチームに1対2で敗戦。自分が出場できない間に早々にそのシーズンのカップ戦が終わってしまいました。

シーズン開幕前の移籍期間で加入したこともあり、リーグ戦、カップ戦という2つの公式戦で結果を残していくことを念頭に考えていたため、登録前にカップ戦が終わってしまった現実にもどかしさもあり悔しさもあり、私の中には様々な感情が入り混じっていました。

しかもリーグ戦も開幕から2試合チームは勝てないでいました。開幕戦は3部から昇格してきたチームに対して先制するも後半追いつかれて1対1。第2戦も先制するも追いつかれて2対2の引き分け。そしてカップ戦では2点を先制されての敗戦と、3試合で5失点という守備の不安定さが表れていました。

そしてカップ戦敗戦後のリーグ戦第3節も登録が終わらず、またも出場する権利を取得できませんでした。

手続き完了までに1カ月半

その後、ようやくビザは下りました。ただ、そこからＩＴＣと呼ばれる選手登録を移す際にウズベキスタン側から迅速にＩＴＣが移動せず、クラブ側から「ウズベキスタンにシバから連絡してくれないか？」と言われ、私からウズベキスタンサッカー協会幹部に連絡をしたりもしました。

ＩＴＣはウズベキスタンサッカー協会で止まっており、電話しても「担当者しかその作業ができない。今、その担当者がいない」と言われました。協会の知人に電話しても電話に出ず、メールを打っても連絡がつかない状況でした。

そして8月23日の試合前日、8月22日にＩＴＣが完了し、ようやく試合出場が可能になりました。

しかし、ビザがようやく下りた8月20日の夜、練習試合に出場した際、ゴール前での決定的なピンチの場面で頭から飛び込んだところで頭を切って流血。ピンチこそ防ぎましたが、試合後に病院へ直行して即手術となりました。

8月22日にＩＴＣの移動が完了しついに試合に出場できる状態になったものの、頭のケガで別メニューをしていたために翌日の8月23日の試合には間に合いませんでした。

そしてその翌試合で晴れてようやく試合のメンバーに入ることができました。

開幕3週間前から申請したにもかかわらず、ビザの取得、ＩＴＣの手続きが完了するのに1カ月半を要し、リーグ3試合とカップ1試合を見送ることになったという事例です。

当初話されていたことよりも時間がかかったり、「明日には大丈夫」「今度こそ大丈夫」と言われていてもそのとおりにいかないこともあります（ポーランドは比較的真面目な国なので、もっと大変なことがある国も多いでしょう）。

そのようなことも起こり得ると心づもりしておくと、実際に直面した時のストレスは少なくなるかもしれません。

馴染む

環境への適応方法

海外の最初は明日の練習時間すらわからない

私がこれまでにサッカーを生活の軸としたプロサッカー選手として在籍したクラブを挙げると、アルビレックス新潟シンガポールから始まり、アビスパ福岡、徳島ヴォルティス、ガイナーレ鳥取、藤枝ＭＹＦＣ、ＦＫヴェンツピルス（ラトビア）、ＦＣパフタコール・タシュケント（ウズベキスタン）、ＦＫブハラ（ウズベキスタン）、ストミール・オルシティン（ポーランド）、ヴァンフォーレ甲府と日本を含めて5カ国10クラブになります。

その後、サッカーをプレーすること以外の仕事の比重が高くなったCriacao Shinjuku、南葛ＳＣ、そして現在のSHIBUYA CITY FCも加えると、現在までに13クラブとなります。

そしてこれまで住んだことのある都市は生まれ育ち高校を卒業するまでいた広島、大学4年間および２０１７年から拠点を置いている東京、シンガポール、福岡、徳島、鳥取、藤枝、ヴェンツピルス、タシュケント、ブハラ、オルシティンと11の都市に及びます。

その街に住むということは観光などで訪れるだけではわかりづらい部分も見えてくる上、そこへ馴染みながら生活する難しさも兼ね備えていると思います。

サッカーを含むスポーツの場合、いち早くその環境に適応することはかなり重要なポイントになってきます。特に海外の場合、外国人枠は制限されており「助っ人」としてプレーするので、適応するのに数カ月もかかっているようでは早々に構想外となってしまうこともあります。

私の場合、意図的にここまで多くのクラブでプレーしたわけではなく、結果的にそうなっただけなのですが、それぞれのクラブ、街、環境に適応していくのにどのようなことが役に立ったのかを記していければと思います。

「語学の勉強方法」の項でも記載したロシア語の最初の局面のように、海外では明日の練習時間すらわからないという場面に最初は出くわします。

日本のクラブにいると様々なことをスタッフがやってくれます。明日の練習時間をこちらから聞くことはあまりありません。スタッフから先に連絡が来るのが一般的です。それがスタンダードになってしまっているため、海外で「スケジュールはクラブのほうから自分にアナウンスがあるはずだ」と日本と同じように考えてしまうと、それがない時に「クラブから自分に伝えるべきだ」と考えてしまい、ストレスを感じてしまいます。

特にスケジュールに関してはあまり先までわからないことが多く、アナウンスがあったとしても変わることが日本よりも多くあります。スケジュール変更などにいちいちストレスを抱えてしまうとプレーにも影響が出てしまうこともあります。

日本のサービスは世界トップレベルだと思います。日本で生活していることでそのサービスに慣れ、そのサービスが当たり前になってしまっている感覚が少なからずあります。人は良くも悪くも環境に適応して慣れていく性質があるからです。

海外に行く際には「日本と比べずにそこで起こることに自ら対応する」意識を念頭に置いておけば、ストレスも緩和されるのではないかと思います。

何でもエージェント任せは御法度

欧州へ行ってから欧州の様々なエージェントと話している中で、実際にあったケースとして契約できるかどうかのテスト期間中に明日の練習時間を聞いてきた日本人選手がいたそうです。

エージェントは契約に関わる交渉や移籍の際の売り込みをするのが仕事であって、マネージャーのように身の回りの世話をしてくれる存在では本来はありません。日本では選手の要望に合わせ、身の回りのことやオフシーズンのトレーニングのオーガナイズ（パーソナルトレーナーの紹介や練習場所の確保など）や、ライフプランの設計まで考えてくれるエージェントもいますが、海外では日本ほどいない印象です。

私も当時エージェントは契約交渉や売り込みをすることが仕事だと認識していたので、その他のことをお願いすることは基本的にはありませんでした。

その選手が明日の練習時間を聞いてきた際、すでに選手はチームに合流していて自分で誰かに聞ける環境にあったそうです。クラブ関係者とまだ合流する前の初日であればもちろん適切な質問でしょう。しかし、すでにクラブに合流していれば、それはクラブの誰かに聞けばわかることです。エージェントは付きっ切りではないので、初日に自分でその体制を作ることも必要でしょう。クラブの誰に聞けばわかるかその人の連絡先を聞いておく、チームメイトとコミュニケーションを取りいつでも聞ける体制を築いておくなど、いくらでも方法はあったはずです。

エージェントがクラブ関係者に連絡をして明日の練習時間を聞いてしまうと、クラブ側からは「そんなことも自分で聞けないのか？　大丈夫か？」とネガティブなイメージを持たれてしまうため（テスト期間であればなおさらで契約にネガティブに響く可能性もあります）、そのエージェントは「それは我々にとってよくないから自分でなんとかしたほうがいい」と言ったそうです。

「自分でできることは自分でする」のは当たり前のことではありますが、海外では言葉がわからない最初の頃は「自分ではできないかも」と思ってしまいがちです。そのような時こそ「まず自分で考えてやってみる」という思考で取り組んでいくとスキルが身に付いていくのではないでしょうか。

リスペクトを前提とし自ら環境を整える

自ら考えることは自ら環境を整えることにも繋がります。

ラトビアでプレーしていた当初、契約したあとも契約する前と同様にしばらく何人かの選手と一緒にモーテルに住んでいました。チームメイトたちと会話している中でチームが契約しているアパートの部屋が一つ空いたという情報を入手しました。そこに住んでいた前シーズンから在籍していたナイジェリア人の選手が別のアパートへ引っ越したからです。すかさずチームのマネージャーに「そのアパートへ移らせてもらえないか？」と話し、ワンルームのモーテルから2LDKのアパートへ引っ越しました。モーテルでは部屋に洗濯機がなく毎日他の洗濯機がある部屋の選手にお願いして一緒にやってもらう必要もあったため、他の外国人選手たちの住居環境をいろいろ聞いたりしていたのです。ちなみに契約書には住居をクラブが用意すると書かれているだけだったので、ワンルームのモーテルでも2LDKのアパートでもクラブが用意することに変わりはありませんでした。

また、環境に適応するためには特に人に対してのリスペクト（尊重）が最も重要だと感じます。

日本でももちろんそうですが海外に行くと違いの振り幅がより大きくなるので、よりこの部分が大事になってくると思います。

そもそも自分は最初「外から来た人間」なので、そこにある文化や人をリスペクトするのが当然なのではないでしょうか。

日本に来た外国人が「うちの国ではこうじゃない」と日本のことをネガティブな意味で

言っていたら、日本人としてあまりいい気持ちはしません。

それが自分が異国へ行くと立場が逆になります。

「価値観の違い」の項でも記載しましたが、相手をリスペクトすることで相手も自分をリスペクトしてくれるということを海外で数多く実感しました。

相手をリスペクトすることを前提に置いていると、その人のいい部分が見えてきて必要以上にストレスを抱えることも少なくなり、自分自身が成長することにも繋がるように思えるのです。

「ないもの」を見ずに「あるもの」を見る

海外では「日本と比べないことが大事」と書きましたが、海外のみならずこれまで自分がいた環境から「ないもの」を見ずに「あるもの」を見るという思考も大事であるように感じます。

最初にラトビアのヴェンツピルスに行った際、日本と比べるとないものが多々ありました。ヴェンツピルスは人口4万人程度の港町で決して大きな街ではなく、レストランも数えるくらいしかありません。夜10時頃には店も閉まり、当然24時間営業のコンビニなどありませんでした。

一方で街灯が少ないこともあり、夜空に輝く星がそれは綺麗なものでした。日本にいた際は星を眺める習慣はありませんでしたが、ヴェンツピルスに来てから夜空を見上げるようになりました。気候に関しても寒い時期が多く雪も積もりますが、7月などの夏は涼しいので快適に過ごすことができます。寒い時期に食べるボルシチなどのスープ料理も絶品でした。

ウズベキスタンのブハラは当時Wi-Fiがなく、スーパーマーケットも一つもありませんでした。ただ、世界遺産がある歴史のある街で、寮から歩いて15分の場所にある世界遺産の旧市街によく散歩に行き、趣を感じていました。ウズベキスタンの伝統料理プロフも街によって味付けや具材に違いがあり、飽きることはありませんでした。

ポーランドのオルシティンは湖が綺麗な街で、湖の畔にあるレストランから見る景色は絶景でした。夏でもエアコンを使わなくて済むほど涼しく、春から秋にかけての気候は過ごしやすいものでした。パン屋で売っているセルニック（チーズケーキ）も美味しく、現地で知り合った大使館の公邸料理人に鶏肉が柔らかくて美味しいと聞き、よくスーパーで買って焼いて食べていました。

「住めば都」という言葉があるように、それぞれの場所にはそれぞれの良さがありました。以前経験した環境と比べてしまうと「ないもの」を考えてしまいがちですが、そこに「あるもの」を見る思考でいるとストレスが緩和され、新たな発見があり前向きに物事を考えられたりするのではないかと感じています。

〈環境への適応方法の大まかな流れ〉

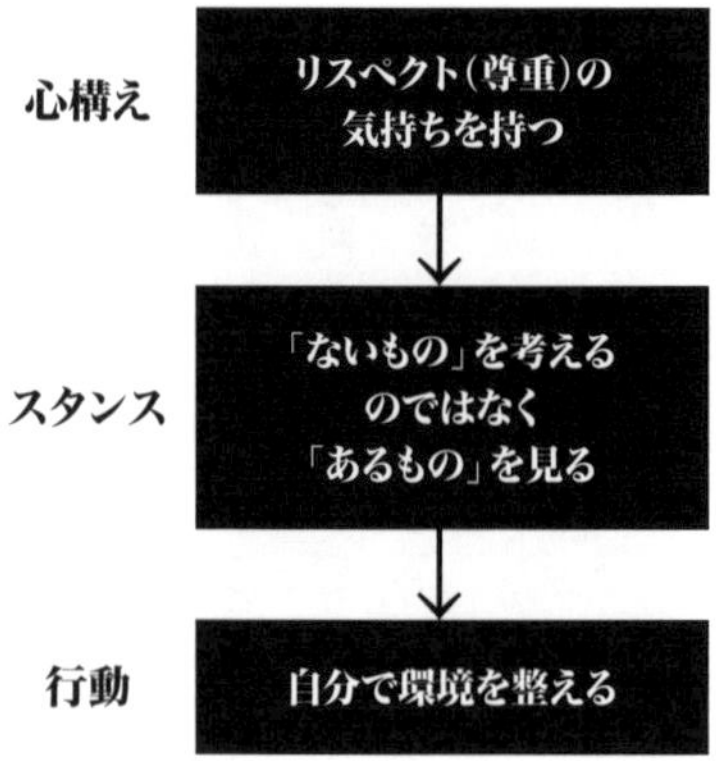

理解する

フラットな先入観の持ち方

自分の感情が多いと物事を判断する能力が低下する

自分の心をいい状態に保つことはチーム内や対人関係でストレスを溜めないため、そしてそれはチームスポーツであるサッカーのプレーにつなげるためにも必要となりますが、物事の先入観を取り払うという面でも大事な要素となります。

人は何か物事を判断する時にあらかじめ自分の頭の中に入っている先入観に少なからず左右されてしまうことがあるかと思います。先入観から物事を決めつけてしまうと、誤った認識をしてしまうこともあるように感じます。

例えば、自分の中で印象があまりよくない人がすることを事実以上に悪いほうに捉えてしまっていた経験はないでしょうか。

絶対にあの人はこう思ったからそうしたと決めつけてしまい、もうその情報しか自分の頭には入ってこないような状態です。

その決めつけには自分の感情が多く入っていて、フラットに物事を判断する能力が低下している状態と言えます。その逆もしかりです。本当にその人がどう思ってその言動をしたかは本質的にはわかりません。わからないのであればいいほうに考えたほうがストレスも溜まらず、相手に対しても寛容になれ誤解も減るような気がします（組織の人事評価などはまた別の話になります）。

事実は事実として存在しますが、時としてその事実すら覆ってしまうこともあります。近年、社会にはインターネットの普及とともに多くの情報が溢れており、確かな情報だけが流れているとは限りません。情報を取捨選択するリテラシーが昨今、より大切になってきていると感じます。

先入観に捉われずフラットな状態で物事を判断していくことが大切であると常々感じていましたが、海外に出てからよりいっそうその大切さを感じたのも、坐禅を始めた（詳細は「思考のコントロール方法」の項）理由の一つでした。現代社会においてできるだけ先入観を取り除いて情報や物事を判断していくことは、より必要になってきているのではないでしょうか。

「価値観の違い」の項で記載したウズベキスタン人のチームメイトは約束の時間に1時間くらい遅れるのが常でした。しかし、同じチームの違うウズベキスタン人のチームメイトはある日、「明日、17時にお前の部屋に行くよ！」と言い、翌日、10分前の16時50分に現れました。その選手はその日だけでなく、いつも時間より早く着いていました。

「だいたいの人は」と理解すればストレスは減る

日本人だから、ラトビア人だから、ウズベキスタン人だから……確かにそれぞれ傾向はあります。統計学的に割合が多いというのはあるでしょう。ただ、必ずしも目の前の相手がそれに当てはまるとは限りません。日本にいると「日本人だから」と括る場面はそこまでなく、さらに細分化された「〇〇だから」という括りになります。一方で海外に出るとより大きな枠で括られることが多く、「日本人だから」はより感じやすくなります。

「日本人は時間を守る」印象が外国人にはやはりあります。実際に海外生活をすると全体的にはその印象が確かにあります。ただ、もちろん人によっては守らない人もいるわけで、これはあくまでも全体的な傾向にすぎません。

こうだろうと思うけどもしかしたらこうかもしれない。そのような思考を常に持っておくと様々な価値観を持つ人たちと共存していくことに役立つと感じています。

逆に、「日本人はこうだから」「男性はこうだから」「女性はこうだから」と言われると、「いや、そうでない人もいる」と思うことはないでしょうか。確かに言葉通りに捉えるとその反論は正論なのですが、それらを言っている人は「多くの」や「だいたい」といった意味合いで言っていて、実は言葉足らずなだけの場合が多いように思います。私もついそのように思ってしまうことがありますが、「あぁ、これは『だいたいの人は』という意味合いなんだな」と理解していると余計なストレスを感じないで済みます。

自分の心の状態がよくない時、イライラしている時やモヤモヤしている時は、相手のことを必要以上にネガティブに捉えてしまいがちです。自分の心の状態をできるだけいい状態にしておけば対人関係のストレスも緩和され、先入観にも捉われすぎずに物事や情報を判断することに繋がるような気がします。

積む　感覚に辿り着くための方法

意識して取り組むことで無意識になる

意識的に取り組んでいくことで、徐々に意識しなくても無意識にできるようになってくる感覚を経験されたことがある方は多いでしょう。

技術の習得を積み重ねていくスポーツなどは、積み上がっていく感覚が特に強いと思います。

サッカーで言えば、例えば小学生の頃にインサイドキックを「軸足をボールの横に置き、蹴り足の内側側面をボールに向け、爪先を上げて押し出すように蹴る」と教わりました。

最初はそれを意識して蹴っていきますが、徐々に無意識にできるようになってきて、頭でポイントを考えなくてもインサイドキックができるようになります。

そして、無意識でできるようになってきたら、またさらにその先に強く蹴るポイントを追加していきます。インサイドキックで言えば、蹴る力は同じでも腰の旋回をさらに利用して強いボールを蹴るなどです。

経験談の一つとして高校1年生の頃、全体練習のあとによくチームメイトと2人組でキックの練習をしていました。当初、ペナルティーエリアの幅（40メートル程度）の距離を飛ばすことはできませんでした。1年生の最初に40メートルのキックのテストがあり、私は届かず不合格だったのです。それから足のどこでボールを蹴れば力が伝わるのか？　上半身はどうするのがいいのか？　軸足の位置は？　など様々なことを考えながらキックの練習を行い、上手く蹴れた時はその感覚を身体が忘れないようにすぐさま何本も蹴り込んだりしていました。試行錯誤していったのち、約1年後の高校2年生時にはキックは60メートルに延び、自分の武器となっていきました。その頃には「感覚」として染み付いていたので、蹴るポイントや軸足の位置を頭で考える必要もなく、無意識で蹴れるようになっていました。

このように意識して取り組んで積み重ねていくことで、感覚でできるようになってくるのです。

よくプロの選手が試合後のインタビューでゴールシーンについて聞かれ、「感覚で蹴りました」とコメントしているのは、練習で積み上げてきて身に付いているので「感覚」で蹴れるようになっているからです。中にはそれを言語化して伝えるのが上手な選手もいますが、気持ちが高揚している試合直後のインタビューでは言語化して伝えることが難しいため、「感覚」など抽象的な言葉で伝える選手が多いのでしょう。

アンリの練習に見る目的からの逆算

アーセナルやバルセロナで活躍した元フランス代表のストライカー、ティエリ・アンリを覚えているでしょうか。

アンリの得意なゴールシーンは？　と聞かれると、左斜め45度あたりからの右足シュートを思い浮かべる方も多いと思います。

2013年当時、アンリがアメリカのニューヨーク・レッドブルズでプレーしていた際にチームメイトだった選手と話した時、アンリについてこう語っていました。

「アンリはチームの練習が終わったあとにいつも左斜め45度からのシュート練習をしていた」

アーセナルやバルセロナなど世界の第一線で数多くのゴールを決めたそのシュートも、まだ上手くなれるとアンリは追求していたのです。当時アンリは36歳。その鍛錬の積み重ねがあのアンリの代名詞とも呼ばれるシュートを形作っていったのでしょう。

チームメイトだった彼はこう聞いたこともあるそうです。

「なぜ、いつもあのシュート練習ばかりやっているんだ?」

それに対してアンリは、

「この形が最もゴールできるからだ。他にもっとゴールできる方法があれば自分はその形を練習するよ。この形が最もゴールできるからこの形を練習しているのさ」

と答えたそうです。ストライカーというゴールを決めることが最も重要な役割であるポジションで、自分がゴールを決められる確率が最も高い方法をとにかく練習するという、目的から逆算された至ってシンプルな答えだったそうです。

そして、練習を見ていてもそのアンリのシュートのクオリティは、そのチームメイトが今まで同じ角度からのシュートを見た中で誰よりも高いクオリティだったとのことです。

備える

初めてのポジションへの対応策

急遽のボランチ指令にも順応できた理由

ウズベキスタンでプレーしていた2012年9月頃の試合で、ウズベキスタンの名将と言われていたタチュムラド・アガムラドフ監督から「次の試合はボランチで出場してくれ」と言われました。それまでは左サイドバックで全試合にフル出場していた中での急な出来事でした。

これには理由があり、「4―1―4―1」のアンカー（ボランチ）を務めていたベテラン選手であったアレクセイ・ニコラエフがケガをしてしまったのです。ニコラエフはウズベキスタン代表で30試合以上も出場していた経験のある選手でかなり重要な役割を担っていました。

そのポジションの控えであった、21歳の若い選手をアンカーに置いて紅白戦などをやっていましたが、当然ニコラエフほどの安定感はありません。頭を悩ませていた監督が紅白戦で急遽私をそのポジションに置きました。その印象が良かったようで、「次の試合はボランチで」となったのです。

人生で初めて中盤の真ん中のポジションをやることになりましたが、ある程度のプレーができて試合も勝利したことで、ニコラエフが復帰するまでの3試合をそのままアンカーのポジションでプレーしました。

ボランチはそれまで一度もやったことがなかったのですが、実は準備はしていました。高校2年生からディフェンダーをやっていた私は、ボールを受ける時に後ろから相手が来ないことが多いポジションばかりでプレーしていました。サイドバックやウイングバックはタッチラインを背にし（中に入っていくことも当時はあまりしていませんでした）、センターバックも最終ラインなので後ろから相手が来ることはほとんどありません。

それゆえ、相手が四方八方どこからでも来る可能性のある真ん中でボールを受けることが苦手でした。それを克服するために帰国したオフシーズンに様々な場所で練習をする際、例えばポゼッションの練習では意識的に真ん中のポジションでボールを受けるようにしたり、ゲームをやる際にはボランチを積極的にやるようにしていました。

ボールを奪う守備の部分では奪い方に多少の違いはあるものの、ある程度スムーズなイメージはありました。ただ、ボールを受けてゲームメイクをする部分では当初はうまくいくイメージが自分で湧いていなかったので、そのように練習をしていくことで少しずつ身に付いてきた感覚でした。

それがウズベキスタンで急遽ボランチを務めた際に活きました。

さらに、ガイナーレ鳥取時代にチームメイトだった服部年宏さんから学んだことも活きていました。当時、私がセンターバックでハットさんがボランチで練習試合や練習を行うことがあり、気が利いたプレーをするハットさんの動きに助けられ、かなりやりやすかったことを思いだします。練習前に自分からハットさんのところへ行って2人組でボールを蹴らせてもらったりして、いろいろと質問をして教わっていたことも大きかったような気がします。

このようにそれまでに積み重ねてきた準備があったので、急遽初めてのポジションを任されても対応できたのだと思います。

その後、さらにボランチについて研究することでピッチの見え方が変わっていき、プレーヤーとして新たな成長を実感しました。

考え直す　セオリーの再解釈

セオリーを学んだ上で囚われすぎない

4バックでセンターバックが最終ラインで相手選手とヘディングを競る時に他の3人のディフェンダーは、競るセンターバックの選手よりも後ろの位置で少し近づく位置へカバーに入る――。

高校2年生になった頃、自分のポジションがサイドバックに変わった時に、監督やコーチ、先輩から何度もそのように教わったことで、身体に染み付き自然にその位置を取るようになりました。

これは4バックのセオリーのようなものです。目的としては競るセンターバックの選手が競り負けたり後ろにボールがこぼれてしまったりした際、カバーに入れるようにするためで、リスク管理の意味合いが強いと言えます。

忠実にそのポジションを取るようにしていたのですが、ラトビアでプレーし始めた際、サイドバックのチームメイトがそのポジションを取らないことがあり、なぜなのだろうと考えました。

様子を見ているとセンターバックが競り合った際に、ボールが後ろにこぼれることがほとんどなかったのです。

なぜなら、センターバックには193センチのラトビア代表選手がおり、さらにジャンプ力があってヘディングも強く、前方にいる味方へボールを弾き返すことが非常に得意だったからです。相手選手と競り合ってもほぼ負けることがなく、100％に近い確率でボールが前に行くため、後ろをカバーしておく必要がなかったのです。

それでも念のためもう1人のセンターバックの選手はカバーのポジションを取るのですが、サイドバックの選手はカバーではなく前めのポジションを取っていました。競り合った際にボールが前に行くため、そのボールに関わって攻撃をするためです。

ここで改めて前述したセオリーの目的を考えた時、失点をしないようにリスク管理のために行うのであって、そこにボールが来ないのであればサイドバックは前に行くボールを拾ったり関わったりできるようなポジションを取ったほうが攻撃に繋がるのは明らかです。

ラトビアでチームメイトの動きを見て改めて考えた際に、カバーに行くのではなく前めにポジションを取るようにしていきました。

ただ、試合の状況によって取るポジションを変えていきました。1対0で勝っている状況で残り時間5分の状況であれば、失点しないようにリスク管理のためにカバーのポジションを取ります。逆に0対1で相手にリードされている状況で残り時間が少ない場合はより前めのポジションを取るというように、目的（勝利）に沿った動きにしていったのです。

育成年代に学んでいくセオリーが間違っていると言いたいわけではありません。セオリーを学んだ上でなぜそうなっているのかを考え、セオリーに囚われすぎないことも必要だということです。

海外に行きこれまでと違う価値観に触れた際、「そういう選択もあるのではないか」と考えることで、改めて自分の価値観を考え直すきっかけにもなった上、新たな価値観が自分に入っていくことで成長していけたと感じています。

〈セオリーを再解釈するためのポイント3〉

1　先入観を取り払い、フラットな思考を持つ

2　実際に検証してみる

3　現在の自分のやり方に固執しない

〈ポイント3を意識したセオリーの再解釈の大まかな流れ〉

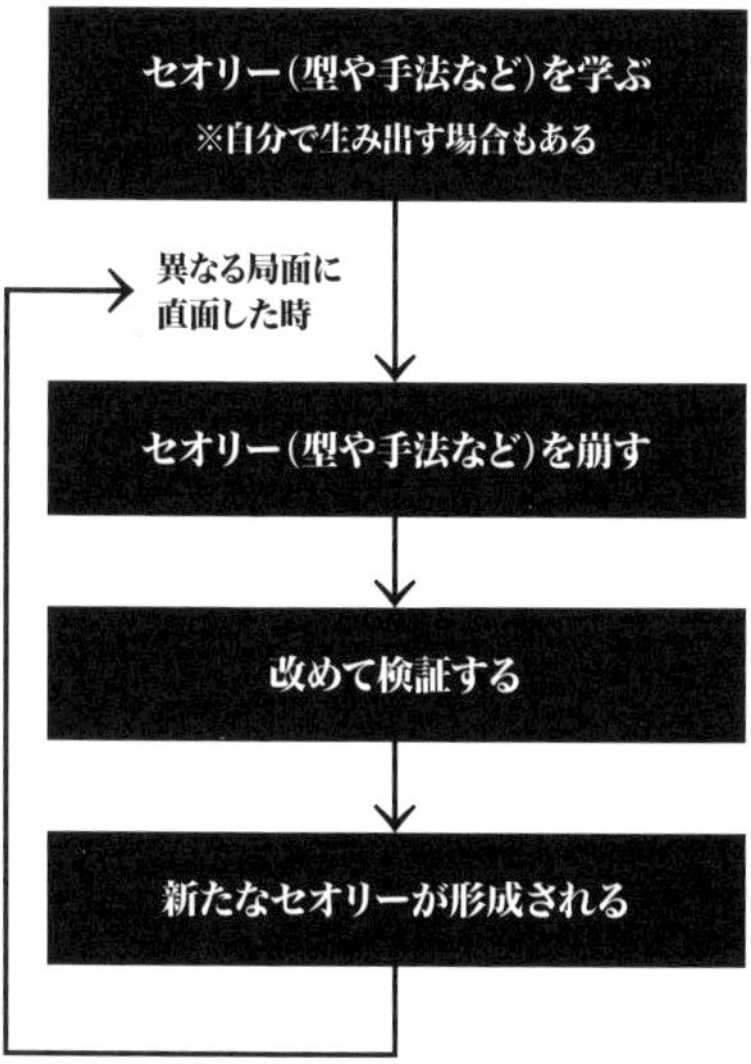

辿る

柴村直弥の場合Ⅳ（直面したクラブ消滅の危機）

金庫が底をつき練習場所も失う

クラブ消滅の危機に直面したことがありました。

２０１４―15シーズンから在籍していたＯＫＳストミール・オルシティンは１９４５年創設の歴史と伝統のあるクラブです。

しかし、創設70周年の記念イヤーである２０１５年1月、突如としてクラブは危機的状況に追い込まれました。

長年ユニフォームの胸にも表記が入っていたメインスポンサーがシーズンの途中に突如契約解除を強行し、さらに２０１４年7月から新たに大きなスポンサーになったレストラン、そして市もサポートをやめると発表したのです。

２０１４年11月30日からリーグは冬期中断期間に入り、私は日本に帰国していました。

そして私が2015年1月10日に日本を発ちポーランドへ戻り、1月12日にクラブハウスのロッカーに集合した際のことです。最初のミーティングでオーナーが選手たちに「メディアに出ていることは気にするな。大丈夫だ」と話し出しました。

日本に帰国していた私は現地でどのような報道がなされているかを知らず、「ん、どういうことだ?」と思いました。

するとオーナーからスポンサー撤退の説明があり、前日には現地メディアで「ストミール　スポンサー撤退および市の援助打ち切り」という報道がされていたようでした。数社のスポンサー撤退が明らかになり、長年ユニフォームの胸に表記されていたメインスポンサーがシーズン終了までの契約を解除――。誰も予想だにしない出来事でした。

オーナーの私たちに対する説明では「新しいスポンサーを探しているから問題ない。メインスポンサーも契約解除するならシーズン終了までの残り半年のお金も払わせるから大丈夫だ。給料も間もなく払う」ということでした。選手、スタッフを含めた全社員の給料は11月終わりのオフに入る前に払われたのを最後に支払いが滞っていました。

選手である私たちにそれ以上判断する術はなく、オーナーの言葉を信じて日々練習に取り組むしかありませんでした。

当初予定されていたキプロスでのキャンプも中止、2月4日と7日に予定されていた練習試合も中止となりました。2月4日の練習を最後に支払いが滞納し続けていることでクラブは信用を失い、クラブの金庫は底をつき練習場所を借りることができなくなったことで練習ができなくなりました。

2月3日の新聞の一面には「ストミール　明日が最後の練習」とキャプテンのヤネックの写真とともに大きく掲載されました。

2月4日の練習後、監督は私たち選手に「各自トレーニングをしておくように。ひとまず今週分のメニューを渡す。来週のことはわからない。また連絡する」と言い残し、私たちは解散となりました。

オーナーがあっさりと辞任を表明

こうして2月5日からは練習場所も失い、先の見えない日々が始まりました。4日間、各々でトレーニングをし、毎日、新聞などのメディアで様々なストミールの情報がめまぐるしく飛び交っていました。

そしてクラブはサポーターに寄付を募りいくらかのお金が集まったため、明日からグラウンドで練習を再開するとの連絡が選手に入ったのは2月8日のことでした。

2月11日に同じリーグのチームとプレシーズンマッチを行いました。

ストミールのフォワードが自分のプレーがうまくいかないことに苛立ちを隠せず、相手選手からファウルを受けた際に報復をしてしまい、レッドカードで退場になってしまいました。これまでともにプレーしていて彼のそんな姿を見たのは初めてでした。コンディションが整わずイメージ通りのプレーができなかったこともあるでしょうし、未だ給料が支払われずその見通しがないことにストレスが溜まっていたことも、彼が心をコントロールできなかった要因でもあったと思います。

2月16日、前日のオフを終えて午前10時30分からの練習に集合した際、何やらただごとではない雰囲気が漂っていました。監督とキャプテンが神妙な面持ちで、先週に50％だけ支払われると言われていた選手やスタッフの給料が支払われないことについて話していました。

10時30分に前オーナーが会見を開き、12時からクラブハウスで現オーナーが特別に記者会見を開くということでした。

なぜなら現オーナーは前オーナーが昨シーズン（２０１４年６月まで）から他社への支払いを滞納していたために資金繰りが悪化していると主張。しかし、前オーナーは真っ向から反論している状況でした。

現オーナーの辞任会見か？　とも噂されましたが、現状報告と報道に出ている情報は事実無根だという反論をしたに過ぎず、クラブにとって新しい情報はありませんでした。

２月19日、13時から現オーナーがまたも記者会見を行うという旨がクラブのＨＰで朝、リリースされました。

そしてオーナーは辞任を表明しました。

２月20日、15時30分からのトレーニングは予定通り行われましたが、そこには監督の姿はなくコーチがトレーニングを率いました。

翌日の練習試合にも監督は姿を見せませんでした。監督は前日に辞任したオーナーが前年夏に連れてきた人でした。

クラブはどうなるのか？　監督は？　そして給与の支払いは？

２週間後にリーグは再開します。冬の移籍ウインドーも閉まり、他チームへ移籍することもできません。

既婚者も多く家族を養っていくことへの不安もある中、我々選手たちの不安とストレスはピークに達していました。

2月23日、前日のオフを挟み練習が再開。ようやく監督が姿を見せ、辞任を表明したオーナーも辞任表明後、初めて私たち選手の前に姿を現しました。元オーナーは練習前にスッキリしたような顔で私たちに簡単な別れの挨拶をし、「グッドラック」と言ってグラウンドから去っていきました。

劣悪な環境でウイルスが蔓延

3月7日に予定されているリーグ戦の再開も危ぶまれていました。本来選手たちに給与が支払われていない事実があれば、協会、リーグが開催を許可しないことになっているからです。しかし、4月に必ず支払うということで特例の許可を協会、リーグから得ることができ、何とか再開することは可能になりました。

3月4日に私はウイルス性の病に感染し、ドクターから自宅療養を命じられていました。この病気はチーム内で流行しており、2月の頭頃から入れ替わりで何人もの選手たち、さらには監督まで感染して練習を休んでいました。完治することなく実家に帰って療養し、1カ月経っても戻ってこられないポーランド人の選手もいました。さらにゴールキーパーは2人揃ってこのウイルスに感染し、2週間まったく姿を見せませんでした。

私も何度も病院へ行き1カ月余り自宅療養を余儀なくされたこの病がこれほどまでにチーム内に蔓延した最大の要因は、暖かいキプロスでのキャンプが中止となったことにあります。氷点下の中、連日外でトレーニングをしていた上、練習場のシャワーのお湯が出なくなり、ついには水しか出なくなった劣悪な環境が感染を広げたのです。本来、プロのサッカークラブなら考えられないような状況ですが、それほどまでにクラブは追い込まれていました。当時、イタリアのパルマが財政難に陥り、「練習場のお湯が出なくなった」というニュースがありましたが、そのニュースを横目にまさに同じような境遇に我々ストミールもさらされていたのです。

3月5日、18時からスタジアムで行われた記者会見で、新しいオーナーとスポーツダイレクターの就任が発表され、3月7日のリーグ再開初戦のホームでの試合は何とか開催されました。結果は2対0で勝利。クラブの先行きが不透明で状況は依然として改善されず、決してコンディションも万全ではない中、スタッフ、サポーターが一丸となって掴んだ勝利でした。

しかし、そのような状態で勝ち続けることは当然容易ではなく、やはりその後は苦しい試合が続き敗戦が増えていきました。

不測の事態は「真面目な国」でも起こり得る

新オーナーが就任したとはいえ、資金を援助したわけでも新しくスポンサーがついたわけでもなく、クラブの財政難は依然として改善の兆しが見えていませんでした。

3月10日、新オーナーは再び市に救済を嘆願しに行きました。2月初旬に前オーナーが民事再生法の適用を申請し、クラブの再生計画を持って市に資金援助を一方的にアプローチしましたが、援助は得られないままこの日に至っていたからです。

しかし、この結果、市はクラブに少しだけ援助することが決まり、週末の3月13日に遅延していた5カ月分のうち1カ月分の給料が全選手、スタッフに支払われました。

最後に給与を受け取ったのは前年の11月末であるため、実に3カ月半ぶりの支払いでした。

その後、6月にシーズンが終了してオフに入る時に、クラブは残りの給与の支払い計画を選手たちに出しました。何月分が何月に支払われ年内にはすべて未払い分を支払うというものでした。その後、結果的にその支払い計画は1日も遅れることなく、毎月支払われ計画通り年内にすべて支払われました。

ストミールはこの危機を教訓にしてその後は身の丈にあった経営を行い、オーナー審査も厳正な審査を行うようになりました。債務超過や資金繰りが悪化することもなく現在も健全経営を続けています。

ポーランドは比較的真面目な気質で、他の欧州やアジアの国々に比べればこのようなことは少ない国です。ストミールもこれまではそのようなこともなく、まさに突然の出来事でした。他の欧州のクラブの話を聞くと、同じようなことが起こっているようです。このような不測の事態は「日本よりも起こりやすい」と心構えをしておくと、いざ直面した時に多少は落ち着いて対応できるかもしれません。

瞑る
思考のコントロール方法

ピンポイントの坐禅でもOK

先入観をできるだけ取り払い、余計なストレスを抱えなくするための手法として、私が海外などで活用していた方法を紹介します。

初めての1人での海外生活（その前にプレーしていたシンガポールでは日本人選手2人と同居していて、さらに日本のクラブだったため日本の文化を主として活動可能な状況でした）となったラトビアにいた当初、自分の思考をうまくコントロールすることが必要だと感じた私は坐禅を始めることにしました。

福井県にある日本曹洞宗の大本山、永平寺で3年間修行した友人から「坐禅のアプリを作った」とのメールをもらい、いい機会だと思い始めてみることにしたのです。

1日5分。

時間は設定で変えることができましたが、最初から長い時間にしすぎて続けられなかったら意味がないと思い（詳細は「勉強の習慣化」の項）、最初の設定が5分であったため、5分で始めることにしました。

何か新しいことを生活に取り入れる時にいつも思うことですが、2、3日では成果を判断することが難しいことが多いため、継続的にやるようにしています。

とりあえず1シーズン、ラトビアでのシーズン終了まで毎日必ずやってみようと心に決めて坐禅を始めました。

最初は難しく考えてしまい、「何も考えないように、何も考えないように」と逆に考えてしまい、しっくりこなかったので友人に聞いたところ、「何も考えないことってできる？難しいでしょ？　意識せずに自然な状態でやるといいよ。自然な状態で何かが頭に浮かぶということは、それが浮かぶことが自分の状態ということでもあるから」と助言をもらったことで、肩の力が抜け、自然な状態でできるようになっていきました。

さらに坐禅を夜にやると、その1日に起きた出来事に意識がいってしまうため、朝やるほうがいい、そして朝起きてから坐禅を行うまでを同じリズムにしたほうがいいとのことで、朝起きてトイレへ行き（早くトイレに行きたい朝もあるかもしれないと考えて）、コップ一杯の水を飲んでから坐禅をスタートする流れにしました。

この1日5分の坐禅を毎日欠かさず、3月から11月のシーズン終わりまで約9カ月間やってみました。

本格的に坐禅を行っている方からしてみたら、そのくらいではあまり意味がないと思われるかもしれませんが、自分の心の状態を知る意味では効果があったと自分では感じています。

坐禅を組んで5分間、毎日必ず自分と向き合うことで、少し心に乱れがあって何かモヤモヤするという時があったり、スッキリと晴れ晴れとした感じがすることもあったり、客観的に自分の心の状態を知ることができました。自分の状態を知ることは自分を知ることの第一歩で、それによってなぜ自分の心がそういう状態になっているのか、一日を思いだして検証することができました。原因がわかれば対処もできたりします。そして、それが心の状態を穏やかにフラットな状態を維持することにつながった感覚もあります。

その後は、自分の心の状態が乱れていると感じた際にピンポイントで坐禅を行うようにしています。そうすることで少し心が穏やかになるような気がしています。

書く SNSとの付き合い方

シンガポール時代にブログを毎日更新

近年、SNSが急速に普及し、InstagramやTwitter、TikTokなどを利用している高校生や大学生も多いかと思います。

私の場合は16年前、大学を卒業してすぐのプロ1年目（アルビレックス新潟シンガポール）だった22歳の時に、ブログを始めたのが最初でした。

地元広島の友人から「シンガポールの様子をブログで書いてや」と言われたことがきっかけで、その友人が作成してくれたページ内で書き始めました。

当初は「ブログって何？」とその友人に聞いたくらいSNSの知識はなく、友人は「日記みたいなもんよ！」と教えてくれた記憶があります。

2005年当時はまだブログ自体もそれ程普及しておらず、サッカー選手でブログを書いている選手もまだ少数でした。

そんな中、シンガポールに旅立った2月1日からブログを書き始め、当初は地元の友人たちとのコミュニケーションツールとして活用していて、アクセス数も1日10～20ＰＶ程度だったと思います。

ある日、チームメイトの友人がシンガポールに遊びに来た際、「いつもブログ読んでます！」と言われ、地元の仲間たち以外の人にも読まれていることを実感しました。アルビレックス新潟シンガポールのチーム内でブログを書いていたのは私1人だったことや毎日更新していたこともあり、チームメイトの家族や友人たちがシンガポールでの状況を知る情報源の一つとして読んでくれるようになっていたのです。シンガポールに在住しアルビレックス新潟シンガポールを応援してくれていた日本人からも、「ブログ読んでます」と言われることが増え、当初は地元の友人向けに書いていたブログが、様々な方に「見られている」ことをいい意味で意識するきっかけともなりました。

当時は今ほどコメントが取り上げられるような時代ではありませんでしたが、それなりに内容や書き方を意識するようになりました。

そして、このブログを始める際に、自分なりに課したルールがありました。

それは「毎日欠かさず更新すること」でした。

最初はモチベーションが高いため頻繁に更新することは可能だと考えていました。同時に徐々に頻度が下がって最終的にやめてしまっては、その物事がどうだったのかが検証し切れないとも思っていました。そのようにある程度は続けてみないとわからないと考えていたので、シーズン終了までの1シーズン（約10カ月間）は毎日欠かさず更新しようと決めて取り組んでいきました。

現象の言語化はサッカーにも繋がる

最初は書くものが豊富にありました。異国の地へ行ったので、当然最初はそれなりにネタがあります。

そして、徐々に書くネタがなくなっていき、毎日夜10時くらいからリビングのテーブルの前でパソコンと睨めっこする日が増えていきました。

何か書くことがないかと考え、悩んだ末に「今日は書くことがありません！」と書いたことも、「雷がすごい！」と他愛もないことを書いたこともありました。

また、負けた試合のあとなど気持ち的に書く気が起きないこともありましたが、自分に課した「毎日書くルール」をとにかく実行していきました。

こうして日々頭を捻りながら1シーズン毎日欠かさずに書いたことで、文章構成力や企画力、言語化する力がある程度身に付いたのだと思います。

サッカーにおいても起きている現象や感じていることを言語化して相手（チームメイトやスタッフなど）に伝えることは重要なことで、サッカー選手としての能力を高める上でも必要な力だと感じています。

そしてこれはその後『スポーツナビ』『Yahoo!』『フットボール批評』などで執筆の仕事をすることにも繋がりました。

ブログは現在でいうとnoteの無料記事のようなものですが、ブログで日常を綴ったことでサポーターなどに親近感を持ってもらい、より応援してくれるようになるという効果もあったのではないかと思います。

アルビレックス新潟シンガポールから移籍したアビスパ福岡では、ブログをきっかけに興味を持ってもらったサポーター、ファンもいました。開幕から数カ月、私は試合に出場していませんでしたが、雁の巣の練習場では練習後にクラブハウスを出ると毎日サポーターやファンに声をかけてもらいました。「ブログのあの話面白かったですよ」「私も○○が好きなんです」「ここにもいい温泉がありますよ」など、ブログで書いた内容をきっかけに話しかけてくれる方も多く、中にはブログで書いたものを差し入れてくれる方もいました。私が試合にまだ出ていない中でも多くの方に応援してもらうきっかけにもなっていたのではないかと思います。

アクセス数も徐々に増えていき、アビスパ福岡でプレーしていた2007年は1日平均2000～3000PV、多い日で5000PVほどになっていました（シンガポール時代は1日200～500PV程度でした）。

チームメイトだった六反勇治選手と一緒によく日帰り温泉に行って疲労回復していた話や、好きな食べ物の話、ブラジル人選手のハファエル（のちの登録名ラフィーニャ）が覚えた日本語の話など、他愛もない話を書くことが多かったのですが、今ほどそれぞれの選手やクラブがSNSで情報を発信していなかった時代だったので興味を持ってもらえたのかもしれません。

負担を感じる場合は遮断と閉鎖

ＳＮＳは前記したようにいい効果をもたらすことが多いと思います。ただ、一方で当然ＳＮＳでは好意的なコメントばかりではなく、厳しい指摘のコメントですらない、誹謗中傷的なコメントが来ることもあります。

私の場合は２００７年のアビスパ福岡でチームの中心選手ではなかったこともあってか、誹謗中傷的なコメントはまったくありませんでした。２００８年に移籍した徳島ヴォルティスではキャプテンを務めていたことや負けが込んでいたことも影響してか（自分のプレーが不甲斐なかったことはもちろん）、多少なりとも中傷的なコメントも来ましたが、今ほどＳＮＳが普及していたわけではなかったのでまだ微々たるものでした。

これが日本代表の選手や全国的に知名度の高い選手となると、ひと言ひと言に対して様々なコメントが飛んできます。何も更新していなくてもコメントが来ることもあるでしょう。

ＳＮＳを行うことでいい部分はたくさんありますが、ＳＮＳを活用するのであればそのようなリスクがあることも理解した上で行い、精神的な負担を感じた場合は無理をせずに勇気を持って遮断したり、閉鎖したりすることも必要になってくると思います。自分の性格や気質、その時々の状況も促しながら、SNSと適切に付き合っていくといいのではないでしょうか。

ちなみに私のブログは「1日1回更新ルール」を1シーズン終えたあと、そのルールを解除し、不定期に更新するようにしました。ただ、約10カ月間毎日書き続けたのである程度書けるようになり、楽しみにしてくれる方もいたおかげもあって、その後数年間はほぼ毎日更新していました（現在、ブログはほぼ書いていません。Twitterや Instagramなどで時折発信しています）。

第3章

プロ以降

考える

「セカンドキャリア」とは？

プレーしてきた経験とスキルはゼロにはならない

昨今、アスリートの「セカンドキャリア」について語られることが多くなっています。プレーをやめたあとのキャリアに困窮する選手が少なくないという現状から、社会全体の課題として考察されることもあります。

以前から「セカンドキャリア」という言葉が自分の感覚にどうもしっくりこず、極力その言葉を使っていませんでした。代わりの言葉を考えたこともありましたが適切な言葉が見つからず、結局、人と話す時には共通言語として使ったりもしていました。「セカンドキャリア」という言葉がよくないというわけではありません。ただ、言葉と自分の感覚とにズレがあるように感じていました。

選手目線で考えれば、プレー中心の仕事からプレー以外の仕事になると生活が大きく変わることになります。プレースキルを追求することをやめることは大きな決断なので、確かに気持ちの部分では「第二の人生を歩む」の意味合いは適切だとは思います。

しかし、キャリアや人生を軸に考えると、プレーをやめたあとに新たな人に生まれ変わるわけではなく、何をしていくにせよそれまで自分がやってきたことが基盤となりその基盤から積み上がっていきます。

気持ちの部分ではゼロからの気持ちで新たな仕事を行う方も多いでしょう。その気持ちも大切だとは思います。ただ、実際には1つのスポーツを突き詰めて多くの競争を勝ち抜きプロになってその世界で鎬を削ってプレーしてきた経験とスキルがゼロになるわけではありません。

これまで一緒にプレーしていた選手、引退する際に相談を受けた後輩選手たち数人を適切だと思われる企業に紹介し、彼らがそれぞれの会社に社員として入社した事例が数件あります。その全員がそれぞれの企業で活躍しています。最初こそ仕事のスキルは乏しいものの、吸収が早く自分と向き合い努力して取り組むため、すぐに戦力となり活躍して3年程度で次のキャリアへ羽ばたいていく選手もいました。

もちろん、企業側のニーズやその選手の性格やスキル、興味なども関係してくるので、すべての選手に当てはまるわけではないと思いますが、プレーをやめたあとにサッカー業界以外の仕事をしている私の周りの元選手たちはそれぞれの業種で活躍しています。

基盤を活かすべくサッカーの母国で指導者ライセンスを取得

その基盤の積み上げを今後に活かすべく、私は指導者ライセンスを取得しました。日本でC級を取得し、現在はB級を受講中です。さらに2017年にイングランドでFA Level 1（U―12世代への指導）のライセンスを取得しました。イングランドには以前まで外国人向けのインターナショナルライセンスがありましたが、現在はローカルライセンスコースしかなく受講枠も限られていました。私は欧州のプロリーグでプレー経験がある利点を活かし、知人にイングランドサッカー協会へ推薦してもらい受講することができました。

日本とサッカーの母国の指導者ライセンス講習にどのような違いがあるのか――。両者を学んだ上で自分なりに指導の理解を深められればとロンドンに行きました。端的に言うと、プログラムの違いとして日本は座学が多め、イングランドは実践が多め、でした。

日本は受講者の実践指導は中日と最終日の2回のみ。一方、イングランドは初日の午前中に様々なテーマのグループディスカッションを終えると、昼食後にいきなり「今からグラウンドで指導実践をします。ペアになって順番をくじ引きで決めます。最初のペアは15分後から開始。それでは準備してください」とインストラクターから指示がありました。

隣のイングランド人とペアを組み、その日から13〜17時まで毎日、実戦指導が行われました。その場でフィードバックが行われるため、18時くらいになることもしばしばありました。受講者から様々な意見が飛び交うディスカッションはいい経験になりました。

これは日本よりイングランドが優れているという話ではなく、ただ単に割合に違いがあったという話であり、あくまでも私が受けた講習における話です。指導者ライセンス講習は両国ともに数年に一度プログラムが改変されています。イングランドの講習は私が受講する2年前に改変されていました。両国のプログラムは今後、多少なりとも進化していくはずです。「どちらが優れている」と決めつけないことが大事なことかもしれません。

関わる

「サッカー村」以外との交流

新たなコミュニティに自ら足を踏み入れる

これはスポーツ選手以外でもあることだと思いますが、特にスポーツ選手は自分の身の回りにあるコミュニティ以外の人と自ら関わろうとする選手は少ないと感じます。スポーツ選手は競技の重要度が高いこともあり、自分の身の回りにあるコミュニティ（サッカーであればサッカー業界）の人たちと関わる選手が多く、自ら情報を発信する選手は少数派の印象があります（ＳＮＳの発達で近年後者は増えてきている印象です）。

私も高校生くらいまではそのような考えでした。内向的で人と話すのが苦手だったこともありますが、知らない人が多いところへ行くこと自体が勇気のいることで、どちらかと言えば避けていました。しかし、その苦手な部分を徐々に克服（詳細は「コラムⅠ　極度の人見知りだった中学時代」の項）していくことで人への興味が強くなっていき、様々な人と関わることは学ぶことが多いと実感するようになりました。

中央大学に進学したあとも積極的に新たなコミュニティと関わっていくようにしていました。内向的で人見知りだった自分が高校に入ってから少しずつ変わっていき、世界が広がっていくような感覚があったのでリフレッシュにもなっていました。

もちろん、サッカーに関わる先輩たちの話を聞くことも身になりました。

中央大学はスポーツ推薦で入学した学生たちが入る寮があり、サッカー部は当時基本的には各部屋1年生〜4年生が1人ずつの4人部屋でした（人数の調整で違う形式の部屋もありました）。縦長の10畳程度の部屋に入ると2段ベッドが両側に1つずつあり、概ね3、4年生がベッドの下という感じでした（詳細は「寮生活のススメ」の項）。

ベッドにカーテンを取り付けて足の先にラックを設置しテレビを置き、ベッドの中だけが自分の空間という感じだったので、寮にいる時、特に夜は多くの部員が自分のベッドの中で時間を過ごしていました。そうした状況で夕食が終わった20時くらいになると1年生だった私は他の部屋に行き、3、4年生のいる下のベッドに「いいですか？」と腰掛け、先輩の話を聞いていました。何日も連続して同じ先輩の部屋に行くこともありましたが、様々な部屋に行って様々な先輩の話を聞きました。ありがたいことに先輩たちは皆受け入れてくれて、いろいろな話を聞かせてくれました。

大学卒業後もオフシーズンには毎年東京へ滞在する期間を作り、異業種の方々と積極的に交流していきました。

先輩や異業種の方々に話を聞くこと自体が学びになることも多く、それがサッカーのプレーにも活きてきた感覚がありました。

繋がる

プレーの課題解決のためのインターンシップ

現代社会の感覚を知ることでアイデアが増える

Jリーグクラブでプレーしていた際、当時あったJリーグキャリアサポートセンターを通じて、オフシーズンに企業でインターンシップをしました。

自分で様々な企業を探し、企業に就職して活躍していた先輩に電話で聞くなど、いろいろと調べたあとに2つの企業を希望しました。ベンチャー企業向けの大手コンサルティング会社と創業から8年で東証一部上場を果たしていた当時勢いのあった経営コンサルティング会社です。

担当してもらったJリーグキャリアサポートセンターの神田義輝さんは、「企業をピンポイントで言ってきた選手は初めて」と言っていました。

当時はオフにインターンシップをする選手は少数で、選手からのリクエストもサッカースクールやアパレルといった業種、あるいはあらかじめインターン可能と記載されている企業リストの中から選ぶのがほとんどだったそうです。

神田さんから両企業へアプローチしてもらった結果、両企業とも取引企業の機密を扱っているため短期のインターンは難しく1カ月以上は必要とのことでした。オフがそこまで長くなかったためにさすがに難しいかと思っていたところ、両企業とも「うちに興味を持ってくれたJリーガーにこちらも興味があるので、よかったら会社や業務などを説明します」と言ってもらい、会社に伺い社員にいろいろな話をしてもらいました。この時担当してくれた方とは今も繋がっています。

神田さんとはその後オフで都内に行くたびに連絡を取り、様々な業種の方を紹介してくれました。会社へ行って話を聞かせてもらったり、異業種の方が集まって食事をしたり、それぞれの体験談、会社の現状などの話は学びとなりました。

特に社内における組織マネジメントの話はサッカーのチーム内におけるコミュニケーションにも置き換えられました。各業種のその時々の景気や流れ、相場や仕組みなどは、サッカーにも通ずる現代社会の感覚を知るという意味でも非常に役立ちました。

これらの活動はプレーを退いたあとのいわゆる「セカンドキャリア」のために行ってい

たわけではなく、現状における自分のサッカースキルを高めるために必要だと感じていたからこそ取り組んでいました。もちろん、具体的に人と繋がるメリットもあります。さらに異業種の方とサッカー以外の話をすることで頭がリフレッシュされ、その後に直面したサッカーの課題を考える際にそのおかげで解決するためのアイデアが浮かぶこともありました。

見つける

「程度」の洗練

物事を二極論で考えない

「サッカーに集中するべき」、いや、「サッカー以外のこともするべき」――。例えばこの2つを二極論で考えないことも必要なのではないかと思います。「両者はまったく別もの」というわけではなく、私にはそれぞれが繋がっている感覚があります。

多くのことは「程度」によるものだと感じます。

「サッカー業界以外の様々な異業種の方と知り合うことがサッカーにも活きる」と言っても、例えば毎晩深夜まで飲みに行っていれば翌朝の練習に支障が出るでしょう。しかし、週に1回、オフの前日に行く程度なら身体のコンディション的にも練習への支障はほぼないでしょう。気持ちがリフレッシュできるのなら、むしろトータルのコンディションではプラスになるかもしれません。

自分の身体のコンディション、試合までの日数、心のコンディションなどによっても程度は変わってくると思います。大事なことは自分で適切な「程度」を見つけていくことです。

ガイナーレ鳥取に在籍していた当時は月に1回程度、1泊2日で東京に行っていました。日曜日の試合が終わったあとその日の夕方の飛行機で東京へ行き、夜に会食、翌日は朝から3〜4件のアポ（10時、12時、14時というように）を取って都内を動き回り、最終便で鳥取へ帰っていました。当時の勝利給はほぼこれに費やしていたと言ってもいいかもしれません。様々な業界の方と会い話を聞くことで、違った視点からサッカーを見られることにも繋がり、かつ精神的なリフレッシュにもなりました。この程度であれば練習に支障があるとは感じず、むしろプラスになることが多かった感覚があります。もちろん、練習や試合での疲労具合などによって頻度とタイミングを調整していました。あくまでもサッカーにおけるコンディションを軸に活動していました。

チームや自分の結果が伴わない時、サッカー以外のことをしていると非難の対象になりがちです。他人の声に耳を傾けることは大切なことだと思いますが、耳を傾けすぎて自分自身がわからなくなってしまっても本末転倒です。逆にまったく耳を貸さずに1人で突っ走っていると自身の置かれている環境と社会の感覚とがずれていってしまうこともあるでしょう。

「恐いもの知らず」という言葉があるように、知らないからこそ挑戦できることもあると思います。しかし、ほとんどの業界でマーケティングを行っているように、様々なことを知っている上で挑戦するほうがより確率は上がっていきます。

つまり、周りの声や自分の感覚で微調整しつつ、自分自身に適した「程度」を洗練させていくことが大事なのだと思います。

「程度」を決めるのは時代である

過去にあるＪ１のクラブに所属していた若手有望株の選手が「資格試験を受けるために試合を休みたい」とクラブに言ってきたということを同クラブの関係者から聞いたことがあります。資格の勉強をすることは人生において必要なことで、サッカーにも活きてくることもあるかもしれません。以前、私もＪクラブ在籍時にユーキャンでファイナンシャルプランナーの勉強をしていたことがあります。しかし、試験が日曜日にしかなく日曜日に休めるケースはJリーグではなかなかない上、直前までスケジュールが確定しないことも常なため現役中に試験は受けられないと思い、自分の知識を増やす名目で勉強だけすることにしました。

その選手の要望「資格試験に行くために試合を休む」はクラブの程度を超えていたということでしょう。クラブはその選手の申し出に対して許可を出さなかったそうです。

しかし、その程度を決めるのは、時代でありクラブ内の常識です。

時代が変われば常識も変化します。

今は常識外れだと捉えられる行動も10年後、20年後には常識が変わっているかもしれません。

書く

「する側」の気持ちがわかる執筆業

『J's GOAL』でライターデビュー

学生時代からこれまでにやってきたことが実際にその後、仕事にどのように活きていったのかを記載していきたいと思います。

まず執筆業についてです。

実際に仕事として執筆の依頼を最初にもらったのは２０１３年でした。

『J's GOAL』（２０２０年に閉鎖）というＪリーグ公認ファンサイトで、サンフレッチェ広島がＡＦＣアジアチャンピオンズリーグで戦うウズベキスタンのブニョドコルについて書いてくれないかと、知人であった『J's GOAL』の編集長からもらいました。

当時、ウズベキスタンでプレーしていたため、クラブや選手たちの情報はかなり持っていたので、文章で書くこと自体はそれほど難しいことではなかったのですが、これが最初の執筆業となりました。

それを皮切りに2013年にワールドカップアジア最終予選を戦っていたウズベキスタン代表についてのコラムを『スポーツナビ』に提案し、担当者と企画内容を調整したあとウズベキスタンの躍進の要因について、リーグ構成の仕組みから考察するような形で3000文字程度の記事を執筆しました。

その後、『スポーツナビ』にさらに企画提案をし、2014年に「コラムⅣ　プレーの場所を失ったウクライナ人」の項でも記載した「ウクライナ情勢が選手に与えた影響」というテーマで3000文字程度の記事を執筆しました。そして、2015年に当時ロシア1部リーグでプレーしていた旧友である赤星貴文選手へのインタビュー企画を提案したところ、私との対談のほうがいいのではとの意見をもらい、対談記事も書くことになりました。

インタビューや対談になると自分で考えて執筆していくスタイルとは少し異なり、その際の音声を録音し自分で文字起こしをして、読者が読みやすいように構成していく作業も必要になっていきます。もちろん、赤星選手とのアポ取り、スケジュール調整も必要な工程となります。

それらをオフシーズンに自分1人で行い、対談記事を執筆したことで、また一つ貴重な経験になりました。

そして、その後2015年に、「Yahoo!ニュース」内でページを持ち、記事を執筆できる「Yahoo!ニュース個人」をやらないかという話をYahoo!からもらい、専門のライターが多い中、現役のスポーツ選手としては当時初めて「Yahoo!ニュース個人」をやらせてもらうことになりました。「Yahoo!ニュース個人」では現在までに32本の記事を執筆し、スポーツ部門のアクセスランキングでありがたいことに数回ほど1位になったこともあります。

取材→文字起こし→構成→執筆

カンゼンが発行する季刊誌『フットボール批評』でも昨年から8000〜9000文字の文量で、イングランド・プレミアリーグのレスター・シティを指揮するブレンダン・ロジャーズ監督について（issue30）、徳島ヴォルティスのコンセプトについて（issue31）、ギラヴァンツ北九州の小林伸二監督について（issue32）、ミシャシステム、ミハイロ・ペトロヴィッチ監督の哲学について（issue33）、これまで5本の記事を書いています。

1本目のロジャーズ監督についてはレスターのそのシーズンの試合をすべて観て、前シーズンの試合からの変化や積み上げ、そして試合における戦略やマネジメント方法など具体的な試合のシーンをピックアップしながら執筆していきました。

2本目以降の記事はテーマに沿って取材対象者にインタビューした上で、文字起こしを全体の概要と構成を考え文章にまとめていき、本人やクラブへ事実誤認がないかチェックしてもらう（こちらは出版社が確認）という流れで行いました。インタビューから文字起こしの流れについては、すでに2015年の赤星選手との対談記事を書いた際に経験していたのでだいたいのイメージはついていました。回数を重ねるごとに作業効率も上がり、スムーズになってきていると感じています。

さらに、サッカーのみならずJICA広報誌『mundi』の執筆依頼ももらい、2021年2月号のプロローグを寄稿しました。

そして、そのような流れから今回、本書も光栄なことにカンゼンからオファーをもらい、私自身が執筆しています。

このように2013年に執筆の仕事をさせてもらってから様々な仕事をもらえるように

なってきたのは、それまでに身に付いていた力があったからだと思います。

まずはブラインドタッチを習得する

わかりやすいところでいうと、大学時代に授業で数々のレポートを提出していったことで書く力が身に付いていきました。また、特に大学時代から本を相当数読んでいたため、どのように書いたら読み手が読みやすいかなどの読み手側の感覚もある程度あったように思います。そして、「SNSとの付き合い方」の項でも記載したように、ブログを毎日書くことで企画、構成力も少しずつ身に付いていきました。

また、パソコンでタイピングするブラインドタッチを大学1年生の時に習得したのも大きかったと思います。この技術を習得すれば末永く活用できるので、早めに習得することをオススメします。特に大学ではレポートの作成が多いので、大学1年生時や大学入学前に習得しておくといいでしょう。もっと早くから活用する機会がありそうな方はその前から習得しても決して損はありません。

私の具体的な習得方法としては、ゲームになっているタイピングのソフトを使いました。

一度に長い時間行うと集中力が切れてきてあまり効果が見込めないと感じていたため、1日15〜30分、毎日やるようにしていって徐々にできるようになっていきました。

現在は様々なソフトがあるので自分が取り組みやすそうなソフトを選んでやってみるといいと思います。

取り組んできたこれらの様々なことが自分の力となっていき、それが執筆という仕事に繋がっていったと感じています。

そして、それまではインタビューを受ける側ばかりでしたが、実際に自分がインタビューをして記事を執筆する側になってみて、する側の難しさやその後の文字起こしや構成などの作業工程の大変さを知ることができました。その後、私がインタビューを受ける際、インタビュー取材をされる方へのリスペクトの気持ちと感謝の気持ちをより強く持つようになったのは言うまでもありません。

解く

これまでのスキルが活きる解説業

言語化のスキルはアルバイト、ラジオから吸収

解説の仕事を初めてさせてもらったのは2013年の「JSPORTS」で、当時、本田圭佑選手が所属していたCSKAモスクワ対ロストフのロシアプレミアリーグの試合でした。当時、ウズベキスタンでプレーしていた私は、11月中にシーズンが終わり同月末に帰国していたため、12月初旬にあったこの試合の解説をすることがスケジュール的に可能だったのです。

ピッチ解説やサブ解説の形ではなく、実況の中村義昭さんとスタジオで試合中継を観ながら話す形式で、両チームのそれまでの試合を数試合観ることはもちろん、ピッチ内外の様々な情報を調べて臨みました。

その後は自分がプレーをするチームのシーズンの関係もあり、解説をするタイミングは

なかなかありませんでしたが、2017年から東京都社会人リーグのチームでプレーすることに伴い都内在住となってから、「DAZN」でリーガ・エスパニョーラ、ブンデスリーガ、Jリーグ、そして「スカパー！」でUEFAヨーロッパリーグなどの様々な試合の解説をするようになりました。「DAZN」のJリーグ解説では、最初は自分が所属していたクラブ（徳島ヴォルティス、アビスパ福岡、ヴァンフォーレ甲府）の関東開催の試合のみで数も少なかったのですが、徐々に他の試合の依頼ももらうようになり、ありがたいことに数も増えていきました。

現在も解説業に日々向き合い精進している最中ではありますが、これまでに取り組んできたことが解説業にどのように活きてきているのか記載していきます。

まず、解説業には当然ながらピッチで起きている事象を理解するスキルが必要になります。試合中に起きている事象を理解するためにはサッカーの知識と経験が必要となるのでこれまで培ってきた、そして今も追求しているサッカーに関するスキル（技術や経験、戦術理解など）が活用されることは容易に想像できるかと思います。

それを言語化して伝えるスキルという点では、大学時代に中学生に家庭教師のアルバイトをしていた経験、教育実習で高校生にわかりやすく伝えることを考えて授業をした経験、海外で国籍の異なるチームメイトに相手の状況を考えながら適切に言葉を選んで伝えていった経験が活きています。そして、表現方法や言葉の数などは大学時代から様々な本を読んできたことやレポート作成を行ってきたことで自然と備わっていました。

さらに、ガイナーレ鳥取時代にFM鳥取でラジオ番組のパーソナリティを1年半の間やらせてもらっていて、限られた時間の中でどのようにリスナーに伝えていくか試行錯誤した経験もありました。最初の頃は自然な感じで話せなかったり、試合告知が棒読みになってしまったり、ゲストで呼んだチームメイトの魅力をうまく引き出せなかったり、反省点ばかりでしたが、FM鳥取の方々からアドバイスをもらい少しずつ慣れていきました。そして、それはサッカーにおけるチーム内での伝え方や言葉の選び方にも繋がっていったように思います。

それらは「解説ができるように」と意識して当時から取り組んできたわけではありませんが、結果的に取り組んできたことがスキルとなって蓄積されていて解説という仕事に自然と繋がっていきました。

適切な質問ができなければ取材で得られる情報は少ない

現在は新型コロナウイルスの感染拡大の影響に伴い、現地に取材に行くことは難しくなっています。それまでは当該チームの練習場に取材に行き、選手や監督、チーム関係者を取材し、試合後もミックスゾーン（取材エリア）に下りて選手や監督などを捕まえて取材をしていました。東京から福岡まで自腹で取材に行ったこともありました。

そのように丹念な取材をしているのも解説の仕事をもらえる要因かとは思いますが、ただ取材に行っても適切な質問ができなければ得られる情報は決して多くはありません。適切な質問をするためにはそれまでに身に付けてきたことをベースとして、回数を重ねるごとに自分なりに振り返り、次に活かせるようにと考えることを繰り返すことが重要なのかもしれません。

そのようにして解説の仕事をもらう中で、「JSPORTS」から依頼を受け、U―20ワールドカップ期間中に毎週放送されていたウィークリーハイライト番組を、スポーツ中継で実況などをされている下田恒幸さんと2人でやらせてもらいました。また、「スカパー！」の番組「スカサカ！ライブ」では、試合後のインタビュー（川崎フロンターレの知念慶選手と湘南ベルマーレの梅崎司選手）とスタジオの解説を担当しました。

解説経験の豊富なベテランや元日本代表の選手が多く、さらに毎年様々なキャリアを持った選手が現役を退き解説業を始める中で、代表経験やさしたる実績もない私が解説の仕事をもらえるのはこれまで培ってきたスキルが多少なりにも活きてきているからだと思います。

しかし、毎回「もっとこの場面ではこう伝えたほうがよかったのではないか」「ここはこちらの事象を伝えるべきだった」「この言い方だとわかりづらい」など、反省することも多く、まだまだだと痛感する日々です。

ピッチでは様々な事象が起きている中で、どの事象をどのタイミングでどの言葉で伝えるかによって、視聴者の受け取り方も変わってきたりします。視聴者の邪魔にならないようにピッチで起きている事象を文字通り「解説」することを意識し、サッカー、言語化、表現方法などを追求していければと思っています。

〈解説業のポイント3〉

1　サッカーを探求する

2　言葉を増やす

3　端的に的確に伝える

〈ポイント3を意識した解説業の大まかな流れ〉

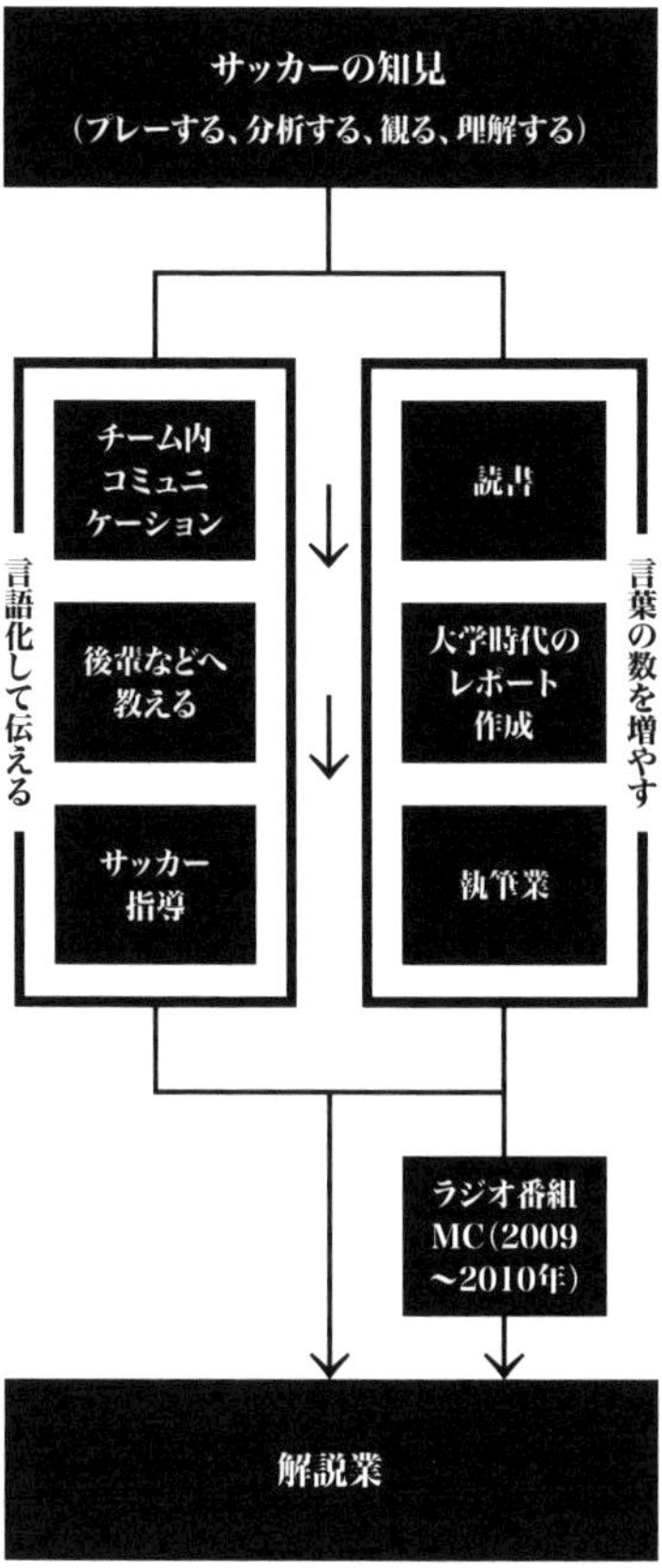

結ぶ

共通点があるからこその架け橋役

U—17ポーランド代表を広島に呼ぶ意味

２０１５年８月。U—17ポーランド代表とU—17ウズベキスタン代表が広島にやってきました。広島で毎年行われていたBalcom BMW平和祈念広島国際ユースサッカー大会に出場するためです。

同大会はこれまで海外のクラブチームを招待していましたが、節目となる第10回の２０１５年で初めて代表チームの招聘に成功しました。その招聘に私も関わることができました。

発端は大会の運営委員長であり広島皆実高校時代のコーチで恩師であった鯉迫勝也先生から「来年は第10回の記念大会なので、柴村の人脈で海外の強いチームを呼べないか？」という相談でした。

そこで「ポーランドとウズベキスタンの代表チームを呼ぶのはどうですか？」と提案したのです。両チームは鯉迫先生の要望だった「強いチーム」の条件を満たしており、実現すれば大会としても初めての代表チームを招聘することになるため、第10回大会の記念大会に相応しいと思いました。

大会として初めての代表チーム招聘となる上、大会側の予算も潤沢ではなかったため、当然簡単ではないとは考えていました。ただ、実現できる可能性はあると考え、その場で案を出しました。

「代表チームが呼べたら最高だよ。でもそんなことが可能なのか？」と言われ、「可能性はあります」と答えました。実際に実現までの流れを自分の中でイメージした上で、それぞれのサッカー協会幹部に連絡をするなどして行動に移していきました。

平和祈念大会という名前通り、大会期間中の中日に広島平和記念公園を訪れて平和学習をするプログラムが組み込まれていました。私がプレーしたポーランドとウズベキスタン両国に広島を知ってほしいという思いもありました。

特に広島とポーランドは戦争によって大きな被害を受けた共通点があることから、実際に17歳のポーランド人選手たちが感じることも多いのではないかと考えました。

それは、私自身も実際にポーランドで体感したからです。

とあるポーランド人女性との出会い

２０１４年7月。私がウズベキスタンのＦＫブハラからポーランドのストミール・オルシティンに移籍した際、住居が決まる前に一時的にオルシティンのホテルに滞在していた時のことです。

ホテルのロビーでパソコンのキーボードを叩いていると、ポーランド人の女性に声をかけられました。

「こんにちは。あなたは日本人ですか？　私は来月から1カ月ほど日本へ旅行に行くのですが、兵庫から徳島に渡る橋が自転車で通れるか知っていますか？」

聞けばその女性は自転車で成田から九州まで渡る予定とのことでした。以前も一度同じように日本を自転車で縦断したことがあり、その際、しまなみ海道を通って本州から四国に渡ったそうです。そして、自転車で渡ったしまなみ海道が最高に気持ちよかったため、他の橋でも四国に渡れないか考えていたといいます。

英語でインターネットを検索してもわからなかったようで、日本人である私をたまたま見つけて声をかけたということでした。

徳島に在住していたことがあるとはいえ、鳴門大橋が自転車で通行可能かどうかは知らなかったのでその場で日本語で検索してみると、自転車は通行不可で四国に渡れる橋で自転車が通行可能な橋はしまなみ海道だけでした。

それを伝えると彼女は、

「わかりました。他の橋が渡れないのは残念ですが、しまなみ海道はとても素敵だったのでまたしまなみ海道を渡ろうと思います！」

と答え、続けざまに、

「ところであなたは日本のどこ出身なのですか？」

と聞いてきたので、

「広島です」

と私が答えると真剣な表情に変わり、彼女はこう言いました。

「私も以前訪れたことがあります。平和記念公園に行きました」

そして続けざまに、

「私の出身地はアウシュビッツです」

と彼女は言いました。

「私の出身地であるアウシュビッツもまた広島と同じように戦争によって被害を受けた場所です。二度と同じような歴史が繰り返されないように願うばかりです」

その瞬間、彼女との心の距離が近くなった気がしました。

通りすがりの名前も知らない見ず知らずのポーランド人とはいえ、共感するものがあり平和を願う気持ちがより高まりました。

その後、オフの日にアウシュビッツを訪れました。4時間をかけてアウシュビッツ＝ビルケナウ強制収容所を回りましたが、実際に訪れてみて多くのことを感じたのは言うまでもありません。

「平和」という共通言語

ポーランドとウズベキスタンの両協会との交渉は簡単ではなかった中、平和祈念大会への私の想いを伝えたことも響いたのか、最初に連絡をしてから4か月が経過したあと、ようやく両協会から承諾を得ることができ招聘が実現しました。

そして、当時すでにチェルシーのトップチームに登録されていたU―17ポーランド代表キャプテンのヒューバート・アダムチェクは熱心に受講していた平和学習のあと、

「今回、広島で平和記念公園を訪れ、広島の原爆について知る機会を与えていただき、本当に感謝しています。僕たちも子どもの頃からアウシュビッツについて多く学習していますが、広島でも同じように戦争によって多くの方々が亡くなっています。今日学んだことは自分の心に深く刻まれました」

と話し、U―17ポーランド代表のラファウ・ヤナス監督も、

「10代の彼らは今、様々なことを吸収する力がある。人として成長することはサッカー選手として成長することにも繋がる。今日のこの経験は必ず彼らの今後のサッカー人生にも大きく影響するだろう」

とコメントしていました。

広島まで約20時間の長距離移動をしてきて時差もある上、湿度の高い真夏の環境でも彼らは強さを発揮してくれました。

U―16日本代表、広島県高校選抜を含めた4チームで総当たり戦を行い、1位ウズベキ

スタン、2位ポーランド、3位日本、4位広島という結果になりました（ウズベキスタンとポーランドはともに日本と広島に2勝し、両チームの対戦では同点後のＰＫ戦の末ウズベキスタンが勝利）。

これをきっかけに翌年の春に今度は広島県高校選抜がポーランドへ遠征しました。その際にはポーランドサッカー協会の厚意もありU―18ポーランド代表と親善試合を組んでもらい、広島県高校選抜は0対4で敗れながらも自分の土俵で戦う彼らの強さを体感することができました。

もちろん、広島県高校選抜もアウシュビッツを訪れて平和学習をしました。さらにその年の第11回Balcom BMW平和祈念広島国際ユースサッカー大会でもポーランド代表を招待し、その翌年はまた広島県高校選抜がポーランドへ遠征しています。「平和」という共通言語のもと、相互交流が進んでいったのです。

コラムV　サッカーができないウズベキスタンの少年

なぜ今その場に立てているのかと考える

ウズベキスタンでプレーしていた頃、オフの日に地方の街に行った時の話です。現地の友人の知人であるウズベキスタン人の家に遊びに行くと、サッカーが大好きな小学生の男の子に出会いました。しかし、彼の住んでいた地域にはサッカースクールやアカデミーなどはありませんでした。ブラジルなどのようにストリートサッカーの文化もないようで、大好きなサッカーをしたいのにできない環境にありました。私と2人でボールを蹴ると楽しそうにしていた彼の姿を見て、「サッカーがしたい」と言えばできる環境に生まれ育った自分は本当に恵まれていたと改めて思ったものです。

小学生、中学生、高校生の頃によく「恵まれた環境に感謝しなさい」と指導者などから言われたことがありましたが、当時は自分はわかった気持ちになっていただけで本質的には何もわかっていなかったとその時思いました。

「サッカーをしたい」と言っても彼のようにサッカーを学ぶ場がなければ簡単にはできません。1人でボールを蹴ることはできても誰かにパスをしたり、ましてや試合をすることもできないのです。

私が小学生の時に通えるサッカースクールがあったのは、先人の方々がスクールを築き上げてきてくれたおかげです。思えば、長年日本サッカーの歩みを進めてきてくれた方々の尽力でJリーグもスタートしました。改めて自分は多くの方々のおかげでJリーガーになることができ、「今その場に立てている」ということを強く実感しました。そして、そうやって自分が恩恵を受けてきたことに対し、今後はこちらが恩返しをしていけるようになりたいと強く思った出来事でした。

続ける

「総決算」社会人サッカー

2017年から社会人サッカー選手に

2017年から私はいわゆる社会人サッカーのカテゴリーでプレーしています。近年、契約形態も多様化しJ3（3部リーグ相当）の選手でも別の仕事の収入を主としている選手もいます。逆にJ3より下のカテゴリーであるJFL（4部リーグ相当）や地域リーグ（5、6部リーグ相当）、都府県リーグ（6、7部リーグ相当）でも選手としての給与を主として生計を立てている選手もいます。社会人リーグとプロリーグの明確な境目があるわけではありません。

Jリーグの選手も他の仕事で収入を得る場合もあります。収入と使う時間の軸がプレー以外にある選手を社会人サッカー選手と位置付けるとしたら、私が2017年から主にプレーしている東京都社会人サッカーリーグ1部（7部リーグ相当。2020年は東京都2

部リーグだったので8部リーグ相当）はほとんどの選手が社会人サッカー選手で（学生チームは除く）、リーグ自体も社会人リーグと呼ばれています。

ＪＦＬの選手でプレー以外の仕事が収入や時間の軸となっている選手も、その定義でいくと社会人サッカー選手という括りになります。現在ＪＦＬに所属しているクラブの社会人サッカー選手はクラブのスポンサー企業などで働いている形やHondaやソニーなどの企業に社員で入社してサッカー活動を優先されている選手が主となる企業チームが多く、チームの練習や試合の時間を優先できる形を確保しているクラブがほとんどです。

対して、東京都1部リーグの選手たちは大学を卒業して企業に就職したあとにどこかのチームに入ってサッカーをしているケースが多く、練習や試合などに職場で融通が利かない選手がほとんどです（東京海上や三井住友海上などの一部の選手はサッカーをすることが前提で入社しているようなケースもありますが、そこまでサッカー優先というわけではないと聞いています）。

私が２０１７年にプレーしたCriacao Shinjukuも一部の学生などを除いてほとんどの選手は都内の企業に勤めていて仕事のやりくりをしながら、平日夜や土日の練習、試合に参加していました。そうすると当然仕事の状況によって練習に数週間参加できなかったり、仕事で試合にも来られない場合があります。それぞれが仕事をしているのでチームでコンディションを管理するのも困難となります。

通常は9～17時の仕事となっていても20代の選手が多く、多くの場合17時までに仕事は終わりません。平日19時30分からの練習に間に合うのは半分にも満たない人数でした。

社会人リーグでプレーする意義

私も例外ではなく9時に出社し、練習の時間ギリギリまで仕事をして練習に行っていました。練習は21時に終わるので帰宅するのは23時頃になり、軽めの夕食を摂って（多く摂ると胃に負担がかかり就寝時間も遅くなります）早ければ24時過ぎに就寝し（家で仕事をしないといけない場合はさらに遅くなることもあります）、翌朝6時に起床しまた9時に出社するといった流れでした。また、朝7時からミーティングがあることもあり、その場合は5時頃に起床して出社し、夜23時頃に帰宅という感じでした。練習がオフの日も朝から夜まで仕事があり会社の業務以外の仕事もあったので、必然的に完全にオフの日はなく社会人初年度はコンディションを調整するのに苦労しました。土日の練習・試合後、平日の練習のない夜も仕事のイベントや細かい仕事の案件のやり取り、請求書、経費関連など事務作業を行ったりしている状況でした。練習や試合には行けるようにできるだけ仕事を調整していましたが、調整が困難で行けない日もありました。

独身の選手は自分が好きでやっていればある程度のチーム活動に参加できるかもしれませんが、既婚者や子どもがいる選手はより困難になります。平日は帰りが遅く、土日も家にいない――。家庭的に成り立つものではありません。現に結婚して子どもができたことで退団を余儀なくされる選手もいました。

例えば、ＪＦＬの選手はＪリーガーになることを目標としている選手は多いと思います。現実的に近くに見えるからです。しかし、7部リーグ相当から社員である仕事を辞めてＪリーガーとなるＪ３以上を目指す選手は、特に20代後半以降になってくるとなかなかいません（２０２２シーズンからＪ１のサガン鳥栖でプレーするゴールキーパーの深谷圭佑選手は23歳で7部↓1部へ移籍しました）。

そのように練習や試合に参加することも簡単ではない中、社会人リーグでプレーする意味とはどのようなものでしょうか。

「サッカーが好きだから」というシンプルな理由が多いかと思います。

私もそうです。そして、私の場合はサッカーを追求する向上心がさらなる原動力となっています。39歳となった今でもサッカーを始めた頃から存在する湧き上がる向上心は尽きません。まだまだ自分はサッカーが下手だと思っていて、日々プレーヤーとしての成長を感じています。昨年よりも今年のほうができるプレーが増えています。今改めてJリーグでプレーしていた頃の自分のプレーを振り返ると今よりもっと下手でした。今できるプレーやピッチの見方、立ち位置の取り方、判断などが当時はできていなかったと思います。

スケジュールとコンディション調整が肝

もちろん、コンディションの調整は難しいものです。なので、日々試行錯誤し自分の身体と対話しつつ、仕事や家族とのスケジュール調整を行いながら取り組んでいるところです。

2016年まではサッカーをプレーすることが主でした。サッカーのプレー、様々な試合観戦、自分のプレー分析などに8割くらいの時間を割けていたのが、2017年からはそれが2~3割となり生活は大きく変化しました。もちろん、一つひとつのことを全力でやることに変わりはありません。あくまでも時間の割合の話です。

現在も解説業や執筆業、指導、講演などのサッカー関連の仕事以外にも、企業のコンサルティング業務や外資系企業とのプロジェクト案件など、多岐にわたる案件の業務を行いつつサッカーをプレーする日々を送っています。

解説や執筆の仕事をしてサッカーを俯瞰して見て言語化して伝える部分はプレーにも繋がっています。例えば、サッカーの指導における伝え方や声をかけるタイミングなどを考えることは、社会の中にあるサッカーを別の角度から見ることにも繋がります。組織のマネジメントや調整、プロジェクトの進行も、サッカーのチーム内におけるコミュニケーション向上、プレーの質の積み上げなどに繋がっていきます。

様々な仕事をすることによってより多角的にサッカーを捉えることができるようになったと実感しています。

とはいえ、他の仕事のためにサッカーをプレーしている感覚はありません。詰まるところ「サッカーが好きだから」、そして「もっとサッカーを追求してうまくなりたい」という一点でプレーをしています。それが結果的に他の仕事にも繋がってきて両者が相乗効果を出し合っているという感覚なのです。

大学時代の様々な管理が今活きている

「サッカーも仕事も全力で」と言うのは簡単です。

実際にその状況に身を置くと難しい局面に直面します。練習、試合、仕事、家庭など細かいスケジュール調整、試合を見越しながらの仕事の調整、限られた時間での身体のコンディション調整などやることは山のようにあります。

なぜそれらと向き合っていけているのかと考えると、まず大学時代から栄養面やコンディション面を考えて自分の身体と向き合ってきたことが大きい気がします。そして、同じく大学時代に部活、勉強、アルバイト、ジム、社会人との交流などのスケジュールを管理して行ってきたことが活きているのでしょう。

中央大学サッカー部では会計の業務も担っていました。部費を管理し帳簿を毎月つけ、年度末に細かい数字を記載し領収書を貼り付けた帳簿と銀行の通帳を学校に提出する仕事です。当時サッカー部の部費は毎月2700円（現在はもう少し上がっています）でした。一般入試でも高校の監督などから話が通っている場合を除き、部員は基本的にスポーツ推薦の学生のみで4学年合わせても50人程度だったため、他の強豪大学に比べても部費は少なかったと思います。箱根駅伝の常連である陸上部やオリンピック選手などが在籍していた水泳部などに比べるとサッカー部は対外的な露出が少なく、サッカー部が学校からもらえる部費も当時はそれほど多くありませんでした。

そうした少ない予算の中で毎月領収書を整理し、項目ごとに分けて帳簿で数字を管理していった経験は確定申告、資金管理にも役立ちました。現在、様々な仕事をする上での請求書や見積書などの会計作業やプロジェクトごとのＰＬ（損益計算書）を精査する際の思考にも繋がっていると感じます。

とはいえ、1日24時間という限られた中での調整だけに、家族や仕事関係の方々に迷惑をかけることも多々あります。ただ、そのような様々なことと日々向き合いながら取り組んでいくことで、それぞれの分野で相互補完的に成長していっていると実感しています。

キャリアメイク術対談

柴村直弥×中村憲剛

自らのキャリアはどのように形成していけばいいのか。この問いはサッカー選手という括りを遥かに越える人生全体の問いといっていいかもしれない。そんなスケールが大きい問いのヒントを探るべく、著者・柴村直弥が中央大学サッカー部の先輩である中村憲剛氏を直撃した。周囲から「真面目」と言われる二人のキャリアメイク対談から導き出されたのは非常にシンプルな答えだった。

先輩からすると直弥は選ぶタイプの後輩だった

――中村憲剛さんから見て中央大学のチームメイトだった柴村直弥さんは、学生時代から勉強熱心だったのでしょうか。

中村　何をしていたかよくわからないですね（笑）。謎に包まれていて、寮にずっといるタイプではなかったので、その時からおそらく行動派だったのではないかと思います。人と会って話すのが好きなタイプだったので、寮でじっとしていたイメージはあまりないです。いつも原付でどこかに行っていたイメージです（笑）

柴村　原付、憲剛さんにも貸していましたね。

中村　うん、借りてた。ありがとう（笑）。直弥が貸してくれた原付のおかげで奥さんと結婚できたんですよ。

柴村　懐かしいですね。憲剛さんが僕の部屋の2段ベッドに上がってきてカーテンを閉めて「ちょっと貸してくれ」というお願いをされたのを覚えています。今だから言えますが、当時はもうずっと黙っていました（笑）

――となると、部屋に閉じこもってカリカリ勉強していたイメージはないということですか。

中村　でも大学の授業にはよく行っていたと思いますよ。

柴村　多分、学年の中で一番行っていたと思います。逆に憲剛さんは寮に帰ったらだいたいいるみたいな。

中村　うん。あまり出歩かなかったからね。

柴村　憲剛さんの部屋に行くとだいたいベッドで本を読んでいるかウイイレをやっているか。本はかなり読んでいましたよね。

中村　プロに入ってからのほうが読んだかな。それでも読んでいたほうだし、普通の大学生よりは外では遊んでいない感じだったかな。

柴村　オフの前日でみんないなくて淋しいなと思って憲剛さんの部屋に行ったらだいたい

いました（笑）

中村　やっぱりキャプテンでもあったし、生活の部分でも自分があまり乱れてはいけないというのは意識していたから。

柴村　僕、実は中学校、高校の頃、かなり人見知りだったんです。

中村　あれで？（苦笑）

柴村　中学校の時は人と喋れなくて。そんな自分を変えようと思って、だから高校デビューですよね。

中村　それ、聞いたことあるな。

柴村　少しずつ頑張って喋るようにしようと徐々に喋れるようになってきての大学だったんですよね。だから大学の時はだいぶ克服されていたんですけど。でもやっぱり緊張していました。特に寮で4人部屋なんて経験したこともないし。

中村　まぁ、基本、あの構造は誰もが悩むな（笑）

柴村　緊張している中、最初の練習で憲剛さんと2人組を組んだのを今でも覚えています。

中村　それはまったく覚えてない（笑）

柴村　バルサのウインドブレーカーを着て。あれかなりレギュラーでしたよね？

中村　冬にちょうどよくて大好きだったな。

柴村　寮で同部屋のアッシーさん（芦田崇明）と仲が良かったから、僕が部屋に帰ったら憲剛さんがいるみたいなことも多くて。僕が帰ったら「おう、直弥」みたいな感じで。僕が左上のベッドで憲剛さんとアッシーさんが右下で。それを斜め下に見ながら会話したりしたのを覚えているんですよ。

中村　まぁ、よく覚えてるね。

柴村　でも憲剛さんはフランクに話しかけてくれた印象があって。

中村　いいね、そういうのをどんどん言っていこう（笑）

柴村　憲剛さんの気さくさ、フランクさみたいな部分はいつ頃からあったんですか？　昔から割とそんな感じだったんですか？　それとも中大で中心選手だったからそれを意識して話しかけるようにしていたんですか？

中村　小さい頃から人と話すことが好きな子どもだったので、人を知るためというか、自分から壁をつくることはほとんどなかったかな。大人ともそうだったし、自分より下の年代ともそう。基本的には昔からこういう感じ。人間観察がすごい好きなんだよね。

柴村　しばらくしてから憲剛さんがある時、寮の廊下で「直弥、うちの部屋来ないか？」っ

て言ったのを覚えているんですけど。キラキラした目で冗談なのか、本気なのかわからなくて（笑）

中村　これもまったく覚えてない（笑）。そもそも当時の直弥をオファーすることは絶対にあり得ない（苦笑）

柴村　おそらく部屋子がやんちゃしていたからだと思うんですよね。

中村　あぁ、そういうこと。

柴村　部屋の掃除、洗濯係ですかね。僕はちゃんとやっていましたから。

中村　じゃあ言ったかもしれない。あれはやるやらないの差が本当に出るからね。こんな話でいいんですか？　一生続きますよ（笑）

――どうぞ続けてください（笑）

柴村　僕は内向的でしたけど、人には興味があって人の話を聞くのが好きで結構いろいろな部屋を回っていたんですよ。先輩の部屋に行って、夜な夜な話を聞かせてもらったりとか。

中村　そういうタイプはあまりいなかったからね。「変わったやつだなぁ」とは思っていたけど（笑）

柴村　優しい先輩がいろいろな話をしてくれるのがすごく楽しくて、勉強になると思って回っていたんですよ。

中村　先輩からすると『選ぶ』タイプの後輩だったよね。直弥みたいな後輩がいいという人もいれば「いや、大丈夫」みたいな人もいたというタイプの後輩。全員にという感じではなかったよね、直弥は。受け入れる先輩のところに行く感じ。

柴村　それはあったと思います。

中村　でも自分もそうだった。大学生は社会人になる前の4年なので、誰と一緒にいるかってすごい大事な時期じゃない？　直弥が人を選びながら勉強になる人とつるむ、仲良くするっていうのはわかる気がする。逆にあまり同期とはそこまでつるまないタイプで自分が大人な感じを出す。特にこの年代はノリが高校生みたいな子が多かったので、大人ぶった直弥がある意味浮くみたいなところはあったよね？

柴村　そうですね。

中村　直弥は精神的に割と早くに成熟していたところがあって、入った時からおじさんみたいな感じだったから。

柴村　顔も老けてましたしね（笑）

中村　そう。だから結局、ちょっと話は飛ぶけど、直弥はその後にいろいろなところに行くわけでしょ。「あぁ、直弥っぽいなぁ」と思ったよ。

自分が思った道を突き進むことが最終的に自分に跳ね返ってくる

――柴村さんが海外に行った時も「やっぱり」という感じですか。

中村　「直弥っぽい」っていうのはありましたね。固定概念を持たないというか、自分が思うところがあれば別に場所はどこでもよくて、楽しかったり勉強になったりワクワクするようなことを選ぶといいますか。周りの目を少しは気にしつつも、他の人だったら選ばないような道を直弥は選んでいるイメージがあったので、付き合ったのは大学の２年間でしたけど、その中でその素養は見て取れましたよね。

――そのキャラクターによってそれぞれのキャリアは変わってくるものなんですね。

中村　それは当然だと思いますよ。同じ人なんていないし、違っていいと思います。別に周りから何を言われようが自分がこうだって思った道を突き進むことが最終的に自分に跳ね返ってくるわけですから。周りに「やめたほうがいいよ」と言われても本人が行きたかったら行けばいいと思うし。行かなかったことで後悔するよりもいろいろなことを経験して「あぁ、ちょっと違ったな」と思うのもそれもまた経験ですからね。直弥は自分の考えを貫くという点では当時から頑固ではありましたよ。自分の信念みたいなものが18、19の時からカチッとあって、それに合う人と合わない人がいたんでしょう。

――柴村さんのキャリアに羨ましさみたいな感情はあるんでしょうか。

中村　基本的に他人を羨むことはないのであれですけど、直弥でしか味わえないことをした結果、このように本を書くことになったんですから。直弥が普通に大学を卒業してどこかのJクラブに入ってそのまま続けていたら、ひょっとしたらこの本は書けなかったかもしれないじゃないですか。

柴村　多分そうでしょうね。

中村　それこそ欧州に行ったりとかアジアに行ったりとか、ここまで多くのクラブ、しかも国も様々なところに行くことは結局ほとんど誰もやっていない経験だから。羨ましいかと聞かれると何とも言えないけど……価値観は人それぞれなので（笑）。自分に後悔がないように生きているんだろうなって。もちろん、「ああしとけばよかった」みたいな細々とした後悔は本人の中であるとは思うけど、おそらく彼は底抜けのポジティブな人だから。

柴村　自分勝手に生きてきたと思いますよ（笑）

中村　いいんじゃない？　周りさえ巻き込まなければ（笑）

柴村　結婚してからは家族を巻き込んじゃってるなとは思いますけど。

中村　それも含めて家族だからね。奥さんが後悔しなければいいけど（苦笑）

柴村　してるんじゃないですかね、多分（笑）

――プレーヤーとしての柴村さんの印象はいかがでしたか？

中村　腿、下半身が太かったですよね。

――ビジュアルですか。

中村　いや、メチャクチャ太いんですよ。だからインパクトは結構ありましたね。1年生でその筋量はすごいなって。

柴村　その分、技術がなかったですから。

中村　頑固な部分がプレーではあまりいいほうに働かなかったところが多かったというイメージはある。生真面目なので柔軟性が欠けているところがあったり。センターバックの左か真ん中をやっていて、当時の中大は3バックだったので、そのパワーを発揮できる局面もあったんだけどね。

柴村　それはすごい思いますね。大学の時は正直、サッカーを知らなかったと思います。今も知っているわけではないですが当時は特に戦術もよくわかっていなかったし、とにかく自分が1対1で負けないとか自分の周り5メートルくらいのことしか基本的には見えていませんでした。ビルドアップとか攻撃の部分は特にそうでしたね。大学で培われたのはどう守るかみたいな部分です。憲剛さんが4年の時に2部で優勝して、僕が3、4年になると1部で残留争いじゃないですか。点が取れないので1点取られたら負けるというプレッシャーと3、4年の時はずっと戦っていて「どうやって守れるかな」みたいな。そもそも技術があまりなかったのでシンプルにパスミスをしてしまったりとか。憲剛さんがいた時は憲剛さんに預ければ何とかなったんですけど（笑）

中村　だから直弥は2年まではとにかく自分の範囲だけで必死だった。要は全体をそこまで見れるほどの余裕もなかったわけです。だけど、瞬間のパワーはあるから守れてしまうこともあった。セットプレーで点を取る場面もあったので、2年にしては頑張っていたと思う。あの時は2、3年で試合に出ている選手が多かったよね。

柴村　4年生でいうと憲剛さん、寺さん（寺内雄貴＝憲剛さんの現マネージャー）、コウジさん（吉田弘爾）とか。寺さんがウイングバックでコウジさんがフォワード。この3人は大きかったですよ。

中村　3人とも色が全然違うから。俺は周りにギャーギャー言うタイプで、吉田は後輩をうまく丸め込みながら「行こうぜー」みたいなタイプで。寺はひたすらサイドを走るっていう。

柴村　職人でしたよね。最終ラインまで下がってきてくれましたから（笑）

中村　とりあえず2年の時点で直弥はまったく完成されていなかったよね。まだ模索している感じで。チームも1年の時、2年の時、3年の時、4年の時で戦い方が変わっていたから。それがあったから逆に直弥の中で幅、引き出しが増えていったんじゃない？

柴村　そうですね。ちなみに僕は海外を含めて10何チーム行っていますから。

中村　すごいな。本当にすごいと思うよ。

柴村　狙って行ったわけじゃないですよ。

中村　普通そこまで行かないから。辿り着かないよ、普通。

ベースがロジカルでないと閃きとアイデアは偶然になる

柴村　思えば日本にいる時、日本に移籍してきた時って、まだまだ日本の環境に甘えていたと思います。福岡から徳島に行った時はかなり意識してコミュニケーションを取るようにしましたけど、馴染むために努力したかというとまだまだだったなと。海外に行ってからは言葉も違うしこちらから行かないとチームに馴染めないし、日本人のイメージも当時、欧州ではそんなに良い印象じゃなかったので。馴染むために自分から話しかけることは意識していました。憲剛さんも川崎フロンターレの1年目にチームに早く馴染むために意識していたことは何かありますか？

中村　コミュニケーションを取るという意味ではプロに入ってもあまり変わらなかったかな。ただ一つだけ強烈に変わったのは結果を残さないと生き残れないので、そのための手段という意味ではより密度の濃いコミュニケーションはよりマストになったとは思う。いち早く自分を知ってもらって、それは性格もそうだしプレースタイルもそうだし、周りの選手に自分がいればどうなるのかをちゃんと見せないといけない。それができないと結局クビになっちゃうから。自分がチームに利益をもたらさなければプロは切られちゃう。高校だったら3年間、大学だったら4年間見てもらえるけど。当時、フロンターレはJ2で大卒新人も一人だけでクラブ的に余裕もまだなかったので、危機感はアマチュアの時とは比べものにならなかった。自分をアピールすることに関して言うと、やっぱりかなりやってたかな。コミュニケーションもそうだし、プレーで「こういうふうにできます」ということを見せることもそうだし。

柴村　最初から要求とかもしていたんですか？　「ここにくれ」とか「こういうふうに動いてくれ」みたいな。

中村　プレーでの要求はほとんどなかったね。逆に要求されることにどう応えていくか、特に1年目は半年くらいそういう感じだったかな。ただ、パーソナリティとしてピッチ外のところでチームに関与できるか、例えば声を出して盛り上げるのか黙々とやるのか、それとも空気を悪くするタイプなのかで印象は変わるから。もともとずっとキャプテンをやっていたので、自分が出ていなくても空気を悪くしないように、むしろ元気を出すようにというのは新人でもあったよね。というのも当時のフロンターレは若い選手も黙々とやるタイプが多かったから逆にどんどん積極的にそういう声は出していた。やっぱり知ってもらえるようになるとボールも回ってくるし、自分が周りにとって『おいしい存在』であることを理解してもらえるとボールは来るから。自分がボールを持って走ってパスを出して良い崩しができれば、次の時にもまたボールはくれるし。そこは露骨だと思った（笑）。それはプロもアマチュアもそう。

柴村　憲剛さんの解説を聞いていてさすがというか、言語化して伝えるのはうまいですよね。

中村　急に？（笑）。ありがとうございます。

柴村　サッカーで見てきたことはシンプルにサッカーのことを伝えるのにリンクしてくるとは思います。では、言語化して言葉で伝えるという部分ではチーム内でのコミュニケーション、本を読んだりとかこれまでやってきたことがつながってきた感覚はありますか？

中村　それしかないと思うよ、逆に。それをやってきたことにより必然的にパッって映像を見た時に浮かんできてポンって出てるから。小さい頃からとにかく喋ること、自分の意思を伝えること、聞いてもっと良くしていくことを小、中、高、大、プロでやってきた。あとは同時に本を読んで、文字から想像を働かせて進めていく、その両方じゃないかな。今の時代に言語化できないといろいろな仕事で遅れはとると思っていて、もちろんサッカーはその一瞬の閃きや発想で勝負できるスポーツでもあるけど、そこに行くためにそのベースがロジカルじゃないと、発想だったりアイデアが偶然のものになってしまう。あとは途中からフロンターレで後輩たちと一緒にプレーしながらアドバイスをして成長させていく作業をしていたので、これも結構大きかったかもしれない。要はここまでやれる選手をもう少し高いレベルでやれるようにするためにはこの選手が今何ができてできないかを自分も理解して、彼らにも話をさせてこのレベルに行けるようにするにはどうすればいいかという話を自分がすることもそう。そこで論理立てて段階的に話をするところがより洗練されてきたというか。そういう作業の繰り返し。

――どういった本を好んで読まれているんでしょうか。

中村　普通ですよ。小説です。自己啓発本はあまり読みません。それはあくまでその人の成功体験だったりするので、自分に当てはまらないことも多々ありますし。読んでいても「あぁ、それはこの人だからかな」って。ためになる話ももちろんあるんですけど、意外とドライな目で見てしまうタイプでもあるんです（苦笑）。だから意外とファンタジーなほう、ノンフィクションではなくフィクションのほうがスッと入ってきます。目的は息抜き、リラックスするためなので、頭をそっちに持っていくため、その世界に持っていくために読んでいる部分もあります。プロに入ってからはバス、飛行機、新幹線での移動時間があるので、その時に読むというところから入っていきました。

柴村　逆に僕は大学の時に自己啓発本はすごい読んでましたね。ビジネス成功者の本とかマインド的には似たようなことが書いてあるなと思いながら。でも前向きに自分から行動していろいろやったほうがいいみたいなざっくりした学びがあって、その後、小説が面白くなって小説に行きました。小説は憲剛さんと同じような感じでリフレッシュで読むみたいな感じになっていましたね。その後は哲学書を読むようになって。人間について考えたりとか。リフレッシュにはならないんですけど、海外にいる時は考える時間があったので、哲学書を読んで人生について考えていましたね。読む本の種類は年々変わってきたなぁとは思います。

中村　クセが強い。

柴村　クセ強いですよね（笑）

中村　いやもうおわかりだと思うんですけど、彼、相当クセ強いんですよ。

――あまり感じないですけれど（笑）

中村　本当ですか？

柴村　Jリーグ選手名鑑（2016年）の好きな本の項目で、マイケル・サンデルの『これからの「正義」の話をしよう』（早川書房）を書いたら、ある出版社の編集長に「この本を選ぶサッカー選手はいない」と言われました。

中村　これだけでもクセの強さを感じません？　じゃあ直弥、大人になったのかなぁ。
柴村　まろやかになりましたよ。
中村　大学時代なんて相当尖ってたもん。
柴村　構わないでくれみたいな感じの（笑）
中村　そう。そういうオーラを出していて、そのくせかまってちゃんなところあるから。
一同　笑
――柴村さんは意図的にバリアを張っていたんですか。
柴村　あまり自分を出せなかったんですよね。
中村　同学年に結構アクが強い子たちが多くて。直弥は別の路線でクセが強かった。
柴村　別の路線（笑）。で、僕は今、『フットボール批評』ですでに5本くらい執筆しているんです。
中村　そんなに書いてるの？
柴村　毎回8000～9000字くらい。最近だとペトロヴィッチ監督と森﨑カズ君（和幸）にインタビューして、「ミシャシステム」を掘り下げて書いたり。インタビューを文字起こしして構成考えて書いてくみたいな。10時間くらいかかる作業なんですけど。

中村　だろうね。

柴村　学生時代にレポートを結構書いていたので、本を読んで表現したりとか。あとはコミュニケーションを特にプロになってからいろいろなチームに行って意識的に取ったりしたことが仕事にもつながったなという感覚があります。憲剛さんの解説も今まで憲剛さんがやってきたいろいろなことがつながっているのかなと。引退していきなり解説というのも選手によっては難しかったりするじゃないですか。言語化して伝えようとしても感覚の話ばかりになってしまったり。その辺、憲剛さんがスムーズに喋れているのは、これまでやってきたことが大きいのかなと思って。

中村　と思うよ。要は現役時代からそういうことを考えながらプレーしていたし、それをいろいろな選手やチームに落とし込みながらプロトタイプを作っていたところもあるからね。いろいろな監督、スタッフ、チームメイトと一緒にやってきたという自負はあるから。だから解説をすることにも違和感は別になかったかな。もちろん、現役の晩年はオフシーズンに解説を1、2回くらい毎年やっていて勉強させてもらってはいたけど。今も別に解説者になって現役時代と目線が変わったかというと変わってないよ。ただ、現役時代よりも責任は増したと思う。

話したところで次の展開になる話ができない解説業のジレンマ

柴村　解説で意識をしているポイントはありますか？　僕が解説をする時は評論する感じにならずにその現象を伝えることを意識しているんですけど。

中村　フロンターレのアカデミーやロールモデルコーチ、自分のアカデミーなど育成に携わらせてもらっている中の一つとして解説の仕事がある中で、引退してまだそこまで多くの試合を解説しているわけではないんだけど、解説は『解いて説く』だからそれは意識している。解いて説かないといけない。要は観ている人が「うわぁ、いいシュート」と思ったものを、なぜそれが起きたのかをしっかり解説する。それは攻守で起きたことを深掘りして、観ている人が「あぁ、だからか」「あぁ、なるほどね」とならないと自分が解説している意味はないかなと思っていて。そこは使命感を持ってやっている。だからつい話が長くなっちゃうんだよ（苦笑）

柴村　展開が変わっていくから難しいですよね。事象をコンパクトにどう伝えるか。

中村　ピッチ上に選手が22人いるから基本的にはすべてを話すのは無理だよね。その瞬間で22通りあるから。ボールがあってその瞬間に22個考えがある。で、1個動いただけでまた変わる。

柴村　そうですよね。

中村　個人的にはもっと話したい。ただ、話したところですぐ次の展開になるから話ができない。ジレンマだよね。

柴村　僕も2018年からDAZNの解説をやらせてもらってますけど、日々その辺の試行錯誤と自分なりの反省と「この場面でこれ言えたなぁ」とか毎回あるので、奥が深いなと思います。

中村　どこがメインとかあるの？

柴村　やり始めた時はリーガとブンデスもやらせてもらっていましたが、今はJリーグがメインです。主に関東の試合です。憲剛さんは海外の試合が多いですか？

中村　最近だとJでは初めてDAZNで横浜F・マリノス対鹿島アントラーズ戦をやらせてもらったけど、柴村さんの縄張りを荒らさないように気を付けます。

柴村　いや、もうすでに（笑）

中村　荒らしてる？　ごめんなさい（笑）。直弥の解説を聞いたことはあるけど、あなた温度が低いからね、基本的に。

柴村　淡々としすぎている感じですもんね。

中村　そうなの。真面目だなっていう。

柴村　でも憲剛さんの解説はやっぱり楽しいですよ。

中村　そう？

柴村　一緒に観ている感覚もあって、感情の共感も得られるんですよ。それは僕にない部分だなと思って勉強になります。

中村　自分としては解説をしに行くというよりも、もちろんさっき「解説とは何か」って言ったけど、試合を観て視聴者のみなさんと一緒に楽しみたいタイプだから。だから中立な立場でどちらにも良いところとそうじゃないところがあるから、そこをしっかりと話して少なくともサッカーと同じで、自分が目の前で繰り広げられる試合を楽しんで解説すればきっと楽しんで観てくれる人もいるだろうという心構えでやっている。だから個人的には直弥はもう少し熱量多めでやってほしい。

柴村　感情を抑えてるなと思うんですよ。本当は「お～！」とか思っていても、ちゃんと伝えなきゃと思って感情を押さえつけて。

中村　応援しているサポーターのみなさんからしたら解説が熱量を持って、推しの選手の良いプレーを「すごく良いプレーしましたね」って言ったら「柴村の解説いい!!」ってなると思うよ。「淡々としてるな」と思われるよりは絶対そっちのがいいと思うよ。

柴村　はい。

中村　「淡々とどっちにも分け隔てなく話す人だなこの人」っていう感想で終わっちゃう。だって良いプレーとそうじゃないプレーは絶対出てくるからそこをしっかりと熱量を持って、フォローもしながら言えば別に悪意はないはずだから。あんまり気を遣いすぎてもあれだし。

柴村　堅いんですよね、僕のは。

中村　性格出てる。そこまで分析できているんだったら変えればいいのに、自分で（笑）

柴村　次から変えようと思います。

――今後は「ニュー柴村」の解説が聞けるということですね。

中村　楽しみにしてこっそり観るよ。

柴村　意識してやってみます。ありがとうございます。アドバイスまでしてもらって（笑）

中村　とんでもないです。

一生懸命目標に向かう人間にみんな手を差し伸べてくれる

柴村　憲剛さんはやることに真っ直ぐ、それも100（％）でやるみたいな印象があって、セントラル（※スポーツジム）で水曜の夜にフットサルしていたじゃないですか。

中村　やってたね。

柴村　僕も寺さんの車に乗せてもらって行った時、最初がすごい印象的だったんです。サッカー経験者もいればそうではない会員もいて、ゴールを決めたら相手のチームが代わるっていうルール。で、憲剛さんは普通にドリブルでパーって行ってバーンって決めて。手を抜くとか様子を見るとかはなくバンバン決めて、「直弥、これ空気読むとかいらないからな」って（笑）。いや、すごいなと思いました。

中村　変わってるな（笑）。そんな人間だったか。

柴村　でも、一つひとつを全力で取り組むみたいなところが積み重なって力になっていくのかなって、僕もいろいろやってきて思っていて。子どもたちに話しをする時も「今、目の前にある一つひとつのことを全力でやっていくとその積み重ねが力になるよ」と言うんです。憲剛さんはまさにそうだったなと思って。

中村　そこは大事にしてきたかな。自分自身が中長期的な目標を立てて進むことがすごく不得手な人間だったので、とにかく今、目の前のことを全力でやる。そのフットサルもそうだし、一日一日のトレーニングもそう。結局先を見過ぎて計算してやることでいいことなんて一つもなかった。自分もいろいろな話をする時、ほとんど直弥と言っていることは同じだけど、「今、その目の前で全力で頑張って一個ずつ積み上げていったその先に、自分の望む未来が築かれる」とよく言っている。「だから今をおろそかにしたら望む未来はない」という話はよくする。

柴村　プロになってからはまた別として、憲剛さんが学生時代にかなり伸びたみたいな感覚はありますか？　高校の実績でいうと大学に入った当初ってあんまりだったんですよね？

中村　国体も入ったことはないし、大学1年生の時も一番下のチームからのスタート。でもそれは当然だなと思っていたし、逆に伸びしろしかないって自分で思っていたから。入ってしまえばこっちのものだって思っているのでいつも。入ってしまえば自分の努力でいくらでも変えられるから。今思えば、周りとか環境は変えられないけど、自分は変えられるというのをその時から地で行っていたのかもしれない。

柴村　中大1年生の時はどんなことを意識してやっていました？

中村　1年目は食らいついていくことで精いっぱいだったな。だって4年生と3学年違うんだから。けど面白いものでちょっとずつできてくるんだよね。慣れるために頭をフル回転させていたし、だから1年生の時から自分の分析はよくしていた。そのチームにおいて中村憲剛という人間がどういうふうに関わっていい方向に持っていけるか、その時も考えていたし。で、その時のスペック、身長体重、身体能力で中大のシステムはこう、監督の志向がこう、同じポジションの先輩のタイプはこう、この選手を抜くためにどうすればいいかをとにかく頭を働かせて、ただ練習するのではなく自分が理想の自分に向かってどう伸びていくかというところは自分で考えてやっていたね。それは今も変わらないけど。

柴村　試合の映像もよく見ていましたよね。

中村　そうだね。結局ミスをするということは自分に問題があるということだから。それを消していけばよりミスをする回数は減るし、ボールを失わなければ試合に出る確率が高まる。それは端的なワンプレーの話だけど、ポジショニングだったり、あとは大学サッカーに慣れるという意味でも試合の映像はよく見ていたな。

柴村　ビデオは寮のラウンジに置いてあったじゃないですか。僕が見ようとして「あれ、ない」と思ったら、憲剛さんの部屋にあったみたいなことがよくありましたよね。

中村　自分の試合もそうだしチームの試合もそうだし、見るのが趣味で楽しみでもあったから。でも仕事に近かったかな、あの時も。自分がどうやったら関与できるか、要はどうやったら勝たせられるか。学年が上がっていくごとに見る目的は変わっていったけどベースは変わらない。自分がどうやったらよりよくなっていくかだった。

柴村　大学の時は学校に行っていました？

中村　行ってたよ。行ける時に行かないとか無理なの。やれるのにやらないとか、そういう手抜きは性格的に無理なタイプで。

柴村　できることは精いっぱい、勉強も。

中村　やる。難しいとかわからないところは友だちに協力してもらったり、メリハリを持ってやっていた。自分の限界を超えるとさすがに無理だから。

柴村　僕もそれはあります。教職も取っていたので、授業がたくさんあるじゃないですか。3年までに単位を全部取ろうと思ってやっていたら全部100ではいけないので、何個かだけ「これはしっかりやろう」みたいなのを決めてそれは100でやって他は単位を取るというラインにしてやったりしていました。自分のキャパを考えながらメリハリをつけてやるみたいなのを自分で考えて選択したっていうことですよね？

中村　そうだね。自分が体育学生でありながら授業も欠かさず行くことで、「あぁ、真面目なんだな」って思ってもらって「じゃあ」って手を差し伸べてくれる友だち、クラスメイトがいたり。これもよく言うんだけど、本当に一生懸命目標に向かって一歩一歩やる人間に対してはみんな何かしらの形で手を差し伸べてくれる。逆に適当にやっている人間には絶対手は差し伸べられなくて。だからその人の目的がしっかりと見えてそこに邁進してる姿を見た時に、人はやっぱり手を差し出したくなるのは実体験で思うんだよね。人に手助けしてもらっていることを、ちょっといい話風に言っただけだけど（笑）

柴村　でも本当にそうじゃないですかね。海外でもそうだったなと思います。やっているとやっぱりチームメイトとかが助けてくれることもあるし。

中村　と思うよ。逆の立場になった時に頑張っていない人間にはやっぱり何を言ってもしょうがないよね。頑張っていてすごい悩んでる子にはアドバイスしたくなるけど、そこまでいっていない子が悩んでいても「いやいや、それはまず頑張れ」って言うしかない。そういうのってすぐわかっちゃうから。

柴村　そうですね、うん。

――重要なのは何事も真面目に真摯に取り組んでいくことなんですかね。

中村　そうですよ。けど言うのは簡単なんですけどやるのは難しいことですから。でも、今もそういうふうにやっていけば必ず道は開けるんじゃないかなって思って生きてます。

柴村　その積み重ねですよね。それが結局いいほうに向かっていくし。

中村　そのためには自分がどうありたいかが明確でないといけない。そこが明確な状態で努力を続けると最短でそこに辿り着ける。努力の熱量が違うから。目的が明確になっていないと努力も曖昧になって、周りもどこに向かおうとしてるんだかわからないから手も貸せないみたいな形になるのかなとはいつも思う。意外とただがむしゃらに頑張ればいいってもんじゃないっていうところはポイントかなと思う。

©KENP

中村憲剛（なかむら・けんご）

1980年10月31日生まれ、東京都出身。都立久留米高校（現・都立東久留米総合高校）から中央大学へ進み、4年時にはキャプテンとして関東大学リーグ2部優勝。卒業後は当時J2の川崎フロンターレに入団し、2020年までの18年間プレー。1年目からトップ下、ボランチで中心選手として活躍し、2016年にはJリーグMVP、ベストイレブンは8回受賞。日本代表として2010年の南アフリカワールドカップに出場。現在は川崎のフロンターレリレーションズオーガナイザー、JFAのロールモデルコーチを務めながら、解説など様々なメディアで活躍。

おわりに

私は日本代表であったわけでもJリーグで華々しい活躍をしたわけでもなく、そして著名なわけでもありません。私の自伝を書いたところで興味を持ってくれる方は少ないでしょう。また、サッカーの戦術について書いたところで信憑性が低いとも自覚しています。しかし、私には10年前の2011年に海外へ売り込んでいった経験、欧州やアジアなどの海外でプレーした経験の他に、そこに至るまでに取り組んできたことが繋がってきた経験、取り組んできたことが成果となって表れた経験がありました。その技法、仕組みの話を含めてこれからサッカーでキャリアを積んでいきたい中学生、高校生、大学生、その保護者、あるいは海外で生活したい選手やサッカーをやめたあとの未来が不安な選手などにとって少しでも何かの参考になるかもしれないと思い、僭越ながら本書の筆を取らせてもらいました。

人間は皆様々な才能を持って産まれてきます。産まれながらの才能によってそれぞれの能力に個人差があるとは思いますが、その後の努力によって超えられる幅も大きいと考えています。

私の身体は日本人の平均よりは多少大きめではありましたが、サッカーの才能はそこまでなかったと感じます。「はじめに」でも記載したように、小学生の頃は日本でサッカーをプレーしている数万人の同年代の中でかなり下のほうに位置していたと思います。足が特段速いわけでもシュートやドリブルやパスがうまかったわけでも守るのがうまかったわけでもありません。

それが中学校時代に自分の身体に向き合ったことで、足が速くなりヘディングも得意になりました。同時期に重点的にふくらはぎの筋肉を鍛えていたため、この時期からふくらはぎも太くなりました。

それでもボールを扱う技術は周囲よりもかなり劣っていました。ただ、高校時代に自分で考えて行っていた自主トレーニングなどのおかげで徐々にスキルアップしていき、取り組んできたことが高校2年生時から成果となって表れ始めてきました。

産まれながらに持ち合わせていたサッカーの才能からの振り幅で考えると、努力によって後天的に成長した幅は大きかったのではないかと思います。振り返れば中学校時代までは内向的な性格で、新しい人と接することや新しいことに挑戦することが苦手でした。周囲よりもむしろ極めて保守的でありながら、自分を奮い立たせて取り組んできたことで徐々に思考も変わっていき、海外に挑戦するような思考になっていきました。もちろん、努力の質は大事であると思いますが、その取り組みがどのように繋がり成長していけたのか、そして今なお成長し続けられているのか、私の経験から綴らせてもらいました。本書が読んでもらった方の人生に何かしらの参考になれば幸いです。

本書を出版するにあたって最初にお話をいただき作成までに多くのやり取りをさせてもらった株式会社カンゼンの石沢鉄平さん、多忙なスケジュールの中で対談を引き受けてくれた中村憲剛さん、その調整をしていただいたマネージャーの寺内雄貴さんに心から感謝申し上げます。

そして、本書の血肉となっているこれまでの人生でお世話になった方々にもこの場を借りて御礼申し上げたいと思います。

「サッカーをしたい」と言えばさせてくれた両親、初めて通ったサッカースクールであるフジタSSの方々、鈴が峰小学校でサッカー指導をしていただいた三浦コーチ、中学校2年生時のフジタSSジュニアユースのセレクションで私を獲得してくれた森下聖二コーチ、中学校3年時の平田和弘コーチ、広島皆実高校で指導いただいた加藤俊夫監督、山成宣彦部長、鯉迫勝也コーチ、中央大学の山口芳忠監督、佐藤健コーチ、吉田俊介コーチ、カラオケ店の大西店長、八王子のバーの瀬田店長、プロへの扉を開いてくれたアルビレックス新潟シンガポールの鈴木健仁スカウト、神田勝夫強化部長、鈴木健仁さんを紹介していただいた高校3年生時の全国高校選手権の実況もしてくれた岩瀬裕子さん、横浜F・マリノスのクラブハウスに行った際に相談に乗ってくれた高橋真一郎さん、鈴木健仁さんにその場で電話をしてくれた下條佳明さん、アルビレックス新潟シンガポールの大塚一朗監督、栗原克志コーチ、前田信弘GKコーチ、アビスパ福岡で私の獲得を決めてくれた小林伸二チーム統括グループ長、ピエール・リトバルスキー監督、オファーをくれた徳島ヴォルティスの岡田明彦スカウト、中田仁司強化部長、美濃部直彦監督、ガイナーレ鳥取の塚野真樹社長、竹鼻快GM、ヴィタヤ・ラオハクル監督、松田岳夫監督、中村有ヘッドコーチ、藤枝MYFCの小山淳社長、斉藤俊秀監督、FKヴェンツピルス、FCパフタコール・タシュケント、FKブハラ、OKSストミール・オルシティンの関係者の方々、ヴァンフォーレ甲府の海野一幸会長、佐久間悟GM兼監督、Criacao Shinjukuの丸山和大社長、岡本達也選手、南葛SCの高橋陽一先生、岩本義弘GM、向笠実監督、福西崇史監督、

SHIBUYA CITY FCの山内一樹社長、深澤佑介GM、斎藤兼さん、伊藤昭朗監督、2009年になかなか治らなかった恥骨炎を治してもらい、その後も広島で身体のケアをしてくれている槙本佳恭トレーナー、長年都内で身体をケアしてくれている亀戸駅前中央整骨院の方々、2011年から走り方の指導をしてもらっている秋本真吾さん、2013年に解説のオファーをくれ、その後も様々な番組のオファーをくれた土屋雅史さん、2013年に最初に執筆のオファーをくれた『J's GOAL』の山下修作編集長、企業インターン他様々な業種の方々を繋いでくれた神田義輝さん、企業側で対応してくれた藤岡清高さん、加藤明拓さん、1年半の間、一緒にラジオ番組をやらせてもらったFM鳥取の中原秀樹局長、幸田慶子さん、山下弥生さん、ラジオを始めるきっかけとなった話を聞かせてもらった西村卓朗さん、プロ1年目から12年目までの間サポートしてもらったumbroの市倉さん、柿沼さん、原田さん、最初にumbroを繋いでもらったKAMOの小野寺稔さん、同じくプロ1年目から長くサポートしてもらったVAAMの方々、公式ホームページを作成してもらうなど2006年に広島でトレーニングをしている期間に特にお世話になったLINKsRINGの黒部祥文さん、海外へ行く際のパソコンでの映像制作方法を教えてくれた東直輝さん、そして今もなお10年以上サポートしてもらっているYONEXの増富清志さん、加藤雅也さん、アンバサダーを務めさせてもらっているViri-Dari Desertaの渡邉俊介社長、kits Londonの方々、これまで在籍したクラブで応援してもらったファン、サポーターの方々や今なお応援し続けてくれているすべての方々、そして、何より家を空けてしまうことの多い中でサポートをしてくれている妻の玲と息子の櫂、妻のご両親、ここには書き切れないお世話になった方々も含めて、すべての方々に改めて感謝の気持ちを記させていただければと思います。ありがとうございます。

柴村直弥

ブックデザイン＆DTP　今田賢志
編集協力　稲葉美和
編集　石沢鉄平（株式会社カンゼン）
取材協力　有限会社ケンプランニング

フットボーラー独学術
生きる力を自ら養う技法

発行日　２０２１年10月20日　初版
著者　柴村 直弥
発行人　坪井 義哉
発行所　株式会社カンゼン
〒１０１‐００２１
東京都千代田区外神田２‐７‐１ 開花ビル
ＴＥＬ ０３（５２９５）７７２３
ＦＡＸ ０３（５２９５）７７２５
http://www.kanzen.jp/
郵便為替 ００１５０‐７‐１３０３３９

印刷・製本　株式会社シナノ

ISBN 978-4-86255-618-9　Printed in Japan
定価はカバーに表示してあります。
ご意見、ご感想に関しましては、kanso@kanzen.jpまでEメールにてお寄せ下さい。お待ちしております。